POETRY SLAM

Mit Beiträgen von

Sylvie le Bonheur • Kai Bosch
Jan Cönig • Jonathan Dom
Einfach So • Andrea Maria Fahrenkampf
Hank M. Flemming • Maron Fuchs
GAX Axel Gundlach • Lena Hofhansl
Patrick Höll • Richard König
Malte Küppers • Ivica Mijajlovic
Philipp Multhaupt • Elias Raatz
Christian Rehn • Luis Schulz
Marina Sigl • Philipp Stroh
Marvin Suckut • Julia Szymik
Anna Teufel • Stefan Unser
Daniel Wagner • Oliver Walter
Joachim Weiß • Artem Zolotarov

Herausgegeben von

Elias Raatz

Der 1997 geborene Poetry Slammer, Autor, Moderator und Veranstalter Elias Raatz ist Gastgeber verschiedener Kleinkunstveranstaltungen. Im Rahmen seiner Veranstaltungsreihe *Poetry Slam: Dichterwettstreit deluxe* entstand dieses Buch, bestehend aus unterschiedlichen Texten der bisher erfolgreichsten, bei seinen Veranstaltungen aufgetretenen, Poetinnen und Poeten.

Elias Raatz (Hrsg.)

Textsorbet

Die Dichterwettstreit deluxe Anthologie

Zum Natzental 36 | 78054 Villingen-Schwenningen
www.dichterwettstreit-deluxe.de
www.facebook.com/dichterwettstreitdeluxe

Satz, Umschlaggestaltung: T-Sign Werbeagentur
Druck: Druck & Kalendermarketing Sosset GmbH, Kießlegg

Printed in Germany • Gedruckt auf FSC zertifiziertem Papier
ISBN: 978-3-9820358-0-2

**„Jeder Tag, an dem du nicht lächelst,
ist ein verlorener Tag.“**

Charlie Chaplin

Inhalt

Vorwort:
Über den Titel und weitere Gedanken
Elias Raatz 13

Wie es dazu kam, dass *Elias Raatz* seinen ersten Sohn nach mir benannte
Hank M. Flemming 18

Nichts Neues
Artem Zolotarov 24

Die Arbeit in Zeiten der Selbstverwirklichung
Lena Hofhansl 30

Kinderwunsch
Malte Küppers 38

Am Ende ist alles gut
Marina Sigl 44

Der Tag, an dem die Welt unterging
Ivica Mijajlovic 50

Dein Feind, der Baum
Sylvie le Bonheur 56

Meine kleine Depression
Patrick Höll 62

Fernbedienung fürs Leben
Maron Fuchs 68

Volker, hör die Signale!
Oliver Walter 76

Neujahrsvorsätze
Kai Bosch 82

Rainer & Klaus
Philipp Stroh 88

Wanderer
GAX Axel Gundlach 96

Der Reisbrei kann nix dafür
Stefan Unser 104

Zwei Würfel
Anna Teufel 110

Zu viele Köche
Richard König 116

Tabea
Marvin Suckut 124

Zukunft. Glück. Karriere.
Elias Raatz 130

Das Land der wilden Worte
Einfach so 140

Des Freundins neue Kleider
Luis Schulz ... 146

Liste wahlloser Erinnerungen
Philipp Multhaupt ... 152

Baustellenabgrundplanken
Julia Szymik ... 158

Eine Geschichte
Daniel Wagner ... 164

Oh Lucy
Andrea Maria Fahrenkampf ... 172

Ungeplante Vaterschaft
Jonathan Dom ... 178

Ich-auch-Gedicht
Christian Rehn ... 184

Heldenreise. Oder von einem, der
auszog, um Spaghetti zu kochen
Joachim Weiß ... 190

Liebesbrief
Jan Cönig ... 198

Nachwort:
Über helfende Menschen und Menschinnen
Elias Raatz ... 205

Vorwort:
Über den Titel und weitere Gedanken
Von Elias Raatz

Textsorbet. Ein Buchtitel, der erstmal nichts aussagt, aber doch für viele verschiedene Dinge und Inhalte dieses Buches steht. Entstanden ist die Idee des doch eher absonderlichen Titels auf einem langen Weg, der kein leichter war und zudem steinig und schwer, wie es vielleicht aluhuttragende Reichsspinner sagen würden.

Ich möchte diese einleitenden Worte nutzen, um von der Unzurechnungsfähigkeit des Kleinhirns zu berichten, die maßgeblich dazu beigetragen hat, dass meinen Mitstreitern und mir anfangs wirklich nichts Sinnvolles einfiel, um dieses Buch mit einem glanzvoll-euphorisch-fesselnden Namen in die weite Welt hinauszulassen. Begeben wir uns also auf eine gemeinsame Reise zu den kreativen Ergüssen, die abschließend in dem heutigen Titel endeten…

Die lange Liste der Titelvorschläge nach mehreren Zyklen der Überlegungen war zum einen noch ohne den heutigen Titel „Textsorbet“ und zum anderen eine große Lüge. Es sei nämlich erwähnt, dass „lange Liste“ wohl ein wenig überspitzt war, schließlich waren jegliche Vorschläge im Vorfeld entweder schon vergeben oder vom Intelligenzkollektiv meiner engsten Vertrauten abgelehnt worden.

Es waren meiner Meinung nach auch eher weniger respektable Titelideen mit an Bord des von der Erfolgsskala des Hamburger SV geprägten Kreativitätsdampfers.

Anfangs faszinierte mich und meine Mitstreiter die Idee „Kunstphrasen" – mein persönlicher Wortspiel-Fetisch ist schließlich regional bekannt und in Gesprächen mit mir aufgrund eines sofortigen Niveauabfalls der Konversation ebenso verhasst. Grundsätzlich möchte ich neben meiner Schwäche für Wortspiele festhalten, dass ich eigentlich gut Mitmenschen umgehen kann.

So, haben Sie´s verstanden: „Mitmenschen umgehen" und „mit Menschen umgehen"? Ha!

Bevor Sie aber nun dieses Buch nach der vorangegangenen geistigen Sprachvergewaltigungshölle wieder zuschlagen, möchte ich Ihnen garantieren, dass es auf den folgenden Seiten besser wird! Wenn schließlich die Erwartungen von Anfang an niedrig gesetzt sind, kann es ja nur noch bergauf gehen – wobei das nun auch wieder nicht ganz stimmt, wie an der SPD derzeit exemplarisch zu sehen ist.

Zurück zum Thema: Der „Kunstphrasen" wurde natürlich nicht nur von diesem Vorschlag „bespielt", sondern unter anderem auch kurzzeitig vom Titel „Poetry Spam – die Anthologie", wobei dies recht schnell verworfen wurde, schließlich ist nichts an diesem Buch „Spam“ und möchte – trotz des tollen Wortspiels – eben nicht mit „Spam“ und damit einem Exemplar der BILD-Zeitung gleichgesetzt werden.

Wer nun dachte, nach diesen beiden bereits vorgestellten Prachtexemplaren der schöpferisch-erfindungsreichen Geistigkeit meiner Mitstreiter und mir, bessere Titel-Erleuchtungen vorgestellt zu bekommen, irrt! Mit kaffeeverseuchten Köpfen sind uns beim Brainstormen weitere hochkarätige Ideen wie „This is Poetry!“, „Texte schlamen“ oder „Der Hundertjährige, der aus dem Fenster stieg und dieses Buch kaufte“ eingefallen.

Dennoch waren wir anfangs froh, als uns neue Einfälle kamen, doch wurden eigentlich nur sowieso schon schlechte Ideen einfach durch etwas noch Schlechteres ersetzt, was mich ein wenig an das neue Parteiprogramm der AfD erinnert…

Ich meine, mit „This is Poetry!“ eine komplett sinnfreie Anspielung auf diesen eingeölte Männer mit aufgemalten Bauchmuskeln thematisierenden Film heraufzubeschwören ist doch genauso sinnfrei wie das Wortspiel zwischen „slamen“ und „schlemmen“ – wobei mich der Gedanke daran anfangs durchaus ein wenig erregte.

Grundsätzlich wird das alles ja nur durch diese höchste Kunst der Satire übertroffen, einfach einen bisher erfolgreichen Titel zu nehmen, ein wenig umzuändern und dann zu hoffen, dass das Buch deswegen gekauft wird. Ein wenig also wie beim Filmstudio „The Asylum“, das durch grandiose Produktionen wie „Transmorphers“, „30.000 Meilen unter dem Meer“ oder ganz dreist „Thor – der Allmächtige“ die Massen begeistert.

Bis heute bin ich übrigens der festen Überzeugung, diese Ideen stammen allesamt von meinen Mitstreitern, doch es wird vehement geleugnet, Teil dieser perfiden Kreativitätsausdünstungen gewesen zu sein. Meine deutlich erkennbare Handschrift auf diesen einschlägigen Vorschlägen spricht bei nachträglicher Prüfung allerdings gegen mich. Da scheine ich etwas verdrängt zu haben, für das ich mich wohl im Nachhinein ein wenig geschämt habe. Schon Freud hat damals in seinen Forschungen der Psychoanalyse erkannt, dass die Verdrängung ein ganz natürlicher Abwehrmechanismus ist, der dem Menschen das seelische Überleben garantiert, indem er tabuisierte und traumatische Geschehnisse vom Bewusstsein fernhält – womit dann auch der Bildungsauftrag dieses Buches erfüllt wäre!

Das mit dem Verdrängen stimmt wohl auch: Mit dem Wissen, dass diese Ideen doch aus mir herausgekrochen sein könnten, wäre zumindest der Künstler in mir mit sofortiger Wirkung gestorben. Nicht nur das, er hätte sich wahrscheinlich während dem Fallen nach dem Sprung vom Burj Khalifa auf einen von mit Gift beschmierten Nadeln übersäten Boden noch die Pulsadern aufgeschnitten.

Doch wie in jedem Film mit Hugh Grant am Ende der Protagonist noch die Liebe seines Lebens findet, haben wir für dieses Buch den passenden, den perfekten Namen gefunden: *Textsorbet.*

Dieser Name ist nicht nur ein Titel, er ist zugleich Vergangenheit, Gegenwart und Zukunft. Er ist Melancholie und Manie. Er ist lustig, ein wenig lyrisch und regt zum Nachdenken an. Er ist ein Sinnbild für süß und fruchtig, gepaart mit ganz viel Text. Er ist Liebe, Hass, Hassliebe und Tinder. Er ist Zuversicht und Verzweiflung.

Der Titel Textsorbet ist quasi der Inbegriff dessen, was Sie in diesem Buch erwartet: Eine Sammlung der besten Texte von wundervollen Poetinnen und Poeten, wobei ich die große Ehre hatte, diese zusammenzutragen und zu veröffentlichen.

Genießen Sie dieses Textsorbet, lassen Sie es sich auf der Zunge zergehen, lächeln Sie, runzeln Sie die Stirn und weinen vielleicht sogar die ein oder andere Träne.

Für Ihre Reise durch diese 28 verschiedenen, jeweils einzigartigen Texte wünsche ich Ihnen viel Spaß, gute Unterhaltung und niemals müde Augen.

Ihr Elias Raátz

Hank M. Flemming

Hank M. Flemming stieg von den kalten Höhen des Erzgebirges, um im beschaulichen Tübingen Hochdeutsch zu lernen. Seitdem ist er einer der umtriebigsten und vielseitigsten Poeten im Südwesten. Nebenbei arbeitet der promovierte Psychologe als Wissenschaftler und Dozent.

Er ist Mitorganisator des Poetry Slam Tübingen und moderiert Veranstaltungen zu den Themen Nachhaltigkeit und Menschenrechte. 2017 war er Finalist bei den Baden-Württembergischen Landesmeisterschaften im Poetry Slam. 2018 trat er in Sachsen an und wurde dort Vizemeister.

Mehr unter: www.hankmflemming.de

Wie es dazu kam, dass *Elias Raatz* seinen ersten Sohn nach mir benannte

Von Hank M. Flemming

Als der Radiowecker angeht und sich die hochgepitschte, glattpolierte und totkomprimierte Gröhlstimme der räudigen Koksnutte Rihanna wie ein rostiges Sägeblatt in meinen vereiterten Gehörgang fräst, wird mir bewusst: Heute habe ich so richtig schlechte Laune. So eine „alles ist sinnlos, ich scheiße auf mein Leben und werde Fan vom VfB“-Laune.

Langsam krieche ich aus dem Bett, robbe in die Küche und brühe mir einen Kaffee auf. Er schmeckt zum Kotzen, wie ein Aufguss vom Aschenbecher. Normalerweise jedenfalls. Heute ist er gar nicht mal so schlecht, wie ich dann feststellen muss – fast sogar richtig lecker. Das ärgert mich, weil ein gelungener Kaffee ums Verrecken nicht zu meiner schlechten Laune passt.

Ich schalte das Radio an. Frieden im Nahen Osten: Juden, Christen und Muslime tanzen Regenbogenflaggen schwenkend zusammen durch die Altstadt von Jerusalem; Vladimir Putin persönlich eröffnet in Moskau eine Gay-Pride-Parade, nackt auf einem rosa Einhorn reitend; Großbritannien ist raus aus der EU und tritt dem Auenland bei und die Queen wurde ausgestopft und vollverschleiert. Recep Erdogan ist zurückgetreten, um ein bisschen zu entschleunigen und sich nun ganz der Ziegenzucht zu widmen, während die USA ihre eigene Auflösung bekannt geben, weil Donald Trump irgendwo den falschen Knopf gedrückt hat. Sämtliche Atomraketen dieser Welt werden zusammen mit Xavier Naidoo, Mario Barth und Jens Spahn zu einem neu entdeckten Kleinplaneten am Rande des Sonnensystems geschossen, wo sie in sicherer Entfernung kontrolliert detonieren.

„Scheiße", denke ich, „dieser verdammte Frieden! Der gefährdet Arbeitsplätze in der Rüstungsindustrie und das ist schlecht für die Wirtschaft. Dann haben wir wieder Krise, Krise, Krise. Bloß, weil sich jetzt alle an den Händen fassen und Blumen pflücken anstatt anständig zu kämpfen. Mal ganz abgesehen davon macht diese ganze Hippiescheiße meine schlechte Laune kaputt!"

Der Nachrichtensprecher fährt währenddessen ungerührt fort: „Cannabis weltweit legalisiert, Erzgebirge Aue gewinnt den DFB-Pokal und die Musikkapelle Revolverheld kommt bei einem Unfall mit dem Tourbus auf grausame Art ums Leben."

„Was soll der Scheiß?", brülle ich mein Radio an, „ich habe schlechte Laune und will mich gefälligst aufregen!"

Aber der Nachrichtensprecher macht immer noch weiter und verkündet voller Wonne, dass es heute mal keinen Stau auf der A8 gebe, sowohl der Berliner Flughafen als auch Stuttgart 21 am

Wochenende feierlich eröffnet werden würden und dass das Wetter die nächsten drei Monate fantastisch werden solle. Dann spielen sie *Happy*.

Angewidert kippe ich den Rest meines Kaffees hinunter und verlasse die Wohnung. Im Treppenhaus begegne ich der biodinkel-vollkorn-verstärkten, leibhaftigen Verkörperung des Schwabentums: Meinem Vermieter.

„Gude Neuigkeite", sagt er, „Sie bekommet etzetle eine richtige Heizung, wegen Naturschutzauflagen, damit die armen Ratten nimmer erfriere! Die Miete werde ich Ihnen natürlich trotzdem net erhöhen, sondern senken, weil mir klar geworden ist, dass ich Sie seit Jahren schamlos abgezockt habe."

Er versucht, mich mit Geldscheinen zu bewerfen, aber ich moonwalke elegant an ihm vorbei raus auf die Straße, wo ich bemerke, dass mein Telefon klingelt.

Oh. Opa ist tot. Ich erbe ein ganzes Zimmer mit Möbeln und Wandverkleidungen komplett aus Bernstein, welches er vor 70 Jahren *im Urlaub gefunden* hat. Ach Opa, ein echter Sachse – können nüschd wegschmeißen…

Bevor ich das Telefon zurück in die Hosentasche stecken kann, damit die elektromagnetische Strahlung weiter meine Spermien abkocht, ruft die Exfreundin an. Sie will mich immer noch nicht zurück, aber sie verspricht hoch und heilig, endlich damit aufzuhören, mir mit Menstruationsblut geschriebene Briefe zu schicken oder mitten in der Nacht schwedische Übersetzungen meiner eigenen Texte auf die Mailbox zu rülpsen. Dann ruft sie ganz laut „PENIS“, weil sie weiß, dass es immer irgendeinen hängengebliebenen Penner im Publikum gibt, der sowas bei einem Poetry Slam lustig findet.

Ich hingegen könnte kotzen. Diese verdammte Scheißwelt lässt mich einfach nicht in Ruhe schlechte Laune haben. Naja, denke ich, heute Abend beim Poetry Slam, da wird diese verdammte Glückssträhne garantiert das Gleiche tun wie das Gummi meiner Eltern vor 31 Jahren.

Dummerweise habe ich kurz vorher noch die ultimative Erleuchtung und schreibe spontan und ohne auch nur ein Wort durchzustreichen den perfektesten Text aller Zeiten, trage ihn vor wie ein sehr, sehr kleiner Johann Wolfgang von Goethe auf Crystal Meth und kann mich hinterher vor Autogrammwünschen, Groupies und Verlagsangeboten nicht mehr retten.

Der Veranstalter *Elias Raatz* klopft mir auf die Schulter und fragt, ob er in Zukunft mit meinem Gesicht auf Plakaten für seine Veranstaltungen werben, einen Text von mir in seiner Poetry Slam Anthologie abdrucken und seinen ersten Sohn nach mir benennen dürfe.

Ich aber schlage ihn mit dem Mikrofonständer nieder, brülle, dass er mir gefälligst meine schlechte Laune lassen solle, beleidige noch ein bisschen das Publikum, weil die alle sowieso keinen Geschmack haben, ziehe meine Hose wieder an und gehe nach Hause. Dort wache ich erleichtert auf…

Es war alles nur ein böser Traum! In Wirklichkeit ist alles wie immer. Und gerade deshalb ist es vielleicht keine schlechte Idee, an eine bessere Welt zu erinnern. Denn:

Der IS, Kim Jong-un,
Donald Trump, die CSU,
Lord Voldemort und Sauron,
Darth Vader, Höcke, Gauland,
können uns nur so lange betören,
wie wir ihnen zuhören.
Wenn wir nicht mehr niederknien jeden Abend
vor denen, die nix zu bieten haben
außer Dummheit und Kommerz,
außer Stumpfsinn, Hetze, Schmerz,
wenn wir die Spinner, die nur hassen,
schlicht ins Leere quatschen lassen…

…dann,
…ja dann,
…hätte ich bald nix mehr,
worüber ich mich aufregen kann.

Artem Zolotarov

Artem Zolotarov wurde am 04.02.1989 in Donezk geboren und wuchs in der Ukraine auf. Der 1998 nach Deutschland ausgewanderte heutige Bühnenpoet studierte von 2012 bis 2017 Europäische Literatur und Germanistik an der Universität Mainz.

Bereits seit 2010 ist Artem Zolotarov schriftstellerisch tätig und absolvierte weit über 300 Auftritte im deutschsprachigen Raum. Ebenso war er künstlerisch für das Goethe Institut in Metz und Paris tätig. Er wurde 2015 RLP Poetry Slam Landesmeister und ist Träger des 2016 Master of Slam Titels mit Stipendium des Literaturhaues Rostock.

Mehr unter: www.artemzolotarov.com

Nichts Neues

Von Artem Zolotarov

Ich schaue kaum noch aus dem Fenster,
dort gibt es eh nichts Neues mehr.
Die Schatten brauner Gespenster
erstarken im gehetzten Meer
aus Ignoranz, mit Angst als Waffe,
gerichtet gegen Menschlichkeit,
denn wir sind leider zu viel Affe
und die Banane ist nicht weit.
Wird schnell gefressen, ist doch lecker,
und sättigt rasch die arge Not.
Wir streiten nicht über Geschmäcker,
wir fressen aus dem Angebot.

Was hat sich denn bitte verändert;
Geschichte, die sich zyklisch dreht?
Wir haben alles durchgegendert
und zu den Akten abgelegt.
Wer dirigiert die Meinungsmassen,
von links, von rechts und aus dem Krieg?
Im Egowahn den Hass verfassen,
weil´s scheinbar keine Grenzen gibt.

Der Krieg mit sich ist meist am schwersten
und viele geben kampflos auf.
Verschanzen sich bis Bunker bersten,
verharren im gehetzten Lauf.
Von Pflicht, Vergnügen, Pflicht und Schulden:
In Emotion und Kontostand.

Die Existenz hängt an den Börsen,
dort kauft man Leben, Öl und Land.
Benzinpreis fällt ins Bodenlose,
wir fracken uns um den Verstand.
An jeder leeren Coladose
hängt Leben, Öl und eine Hand,
die jeden Tag an Hunger leidet
und diese Masse wächst geschwind.
Was uns von ihnen unterscheidet?
Der Zufall, der das Land bestimmt,
in dem ein Kind der Welt begegnet.

Indem es lernt und wiederholt,
was ihm der große Mann entgegnet,
der wiederum sein Wissen holt
aus Tradition, Kultur und Sitte.
Gerade haben wir das Glück
und es soll keiner ändern, bitte.
Hier gibt´s kein Vor und kein Zurück,
der Status quo soll einfach bleiben.
Wir merkeln uns schon sicher durch,
aber wenn Merkel was entscheidet,
da bricht sie aus, die große Furcht.

Und Affen zittern um Bananen,
ob morgen eine höher hängt?
Der Primat fängt an zu ahnen,
Gerücht und Vorurteil vermengt.
Dazu ein wenig überreife,
schon etwas braune Früchtepracht.
Alternativen, leicht zu greifen:

Mit faulen Sprüchen an die Macht.
Aber Geschichte geht in Zyklen,
die Fakten füllen Akten schwer.
Dort stehen auch die ganzen Mythen,
mit denen damals Albert Speer
und Co. gerüstet haben sollen.

Aber wer weiß das so genau,
was die uns da erzählen wollen?
Verrückt, wer denen alles glaubt:
Die Lügenpresse druckt die Bücher,
gegendert ja und schlimmer noch;
da binden uns bald ihre Tücher
Muslimas gleich um unsren Kopf.

Das lernen unsre armen Kinder in der Schule,
werden da verdummt.
Sie folgen diesen Judenschindern
vor denen unser Volk verstummt.
Aber wir nicht, wir wählen Führer,
die noch dem Deutschen dienlich sind.
Mit uns bleibt alles so wie früher,
wir sind zur Übermacht bestimmt.
Die werden es noch bitter büßen,
an unsren Frauen U-A-A-A.
Wir werden sie mit Waffen grüßen,
an Grenzen schießen U-A-A-A.

Ich schaue kaum noch aus dem Fenster,
dort gibt es eh nichts Neues mehr.
Die Schatten brauner Gespenster

erstarken im gehetzten Meer
aus Ignoranz, mit Angst als Waffe,
gerichtet gegen Menschlichkeit,
denn wir sind leider zu viel Affe
und die Banane hängt nicht weit.

Wie Goethe sagt:
Moderner Krieg, solang er dauert,
macht viele unglücklich. Und dann
niemanden glücklich, wenn er endet.
Was man daraus erkennen kann?
Wohl viel und nichts: Es sind nur Zeilen,
die heute wohl kaum einer liest,
weil sie in alten Schränken weilen,
die uns der Alltagswahn verschließt.

In Zeiten, wenn man keine Zeit mehr
dafür hat, sich zu besinn´n,
ist es kein Wunder, dass wir treiben
im Meinungsmeer, vom Strom bestimmt,
der Ignoranz, mit Angst als Waffen,
gerichtet gegen uns ertränkt.
Kein Ufer scheint die Flut zu raffen
und niemand, der uns Rettung schenkt.
Wir flüchten vor uns selbst und werfen
mit Hass, Rassismus, Vorurteil,
wie Affen mit der eigenen Scheiße
und werden immer brauner, weil
hysterisch heischende Verhetzer
die Stimmung heizen in dem Land.

Bis es letztendlich falsche Ketzer
endgültig setzen unter Brand.
Die wahre Last liegt wohl bei denen,
die alles sehen und verstehen.
Die Dinge dulden und hinnehmen,
so wie sie eben grad geschehen.
Was bleibt am Ende noch zu sagen?
Wird sich Geschichte wiederholen?
Was nützen diese leisen Fragen
gegen die lärmenden Parolen,
die grade wieder durch die Straßen marschieren
und mit Hass bombardieren?
Sind wir nun von Vernunft verlassen?
Was wird in diesem Zoo passieren,
wo affenähnliche Gestalten
sich aufrecht gehend menschlich fühlen?
Wie sich die Massen wieder spalten
und hasserfüllte Laute brüllen.

Ich schaue kaum noch aus dem Fenster,
dort gibt es eh nichts Neues mehr.
Die Schatten brauner Gespenster
erstarken im gehetzten Meer
aus Ignoranz, mit Angst als Waffe,
gerichtet gegen Menschlichkeit,
denn wir sind leider zu viel Affe
und die Banane hängt nicht weit.

Lena Hofhansl

Lena Hofhansl wurde 1993 geboren und fing kurz darauf mit dem Schreiben an. Die in Stuttgart wohnhafte Poetry Slammerin verfasst neben ihrer Bühnenkunst Romane für junge Erwachsene („Vom Sinn des Scheiterns", „B14 Revisited") und ist unter anderem fester Bestandteil der Esslinger Lesebühne „Mängeleksemplare".

Kunden, denen diese Poetry Slammerin gefiel, gefällt auch: Motorsägen, Dead Kennedys und Freibier für alle.

Mehr unter: www.fb.com/lenahofhansl

Die Arbeit in Zeiten der Selbstverwirklichung

Von Lena Hofhansl

Nach acht Semestern, die ich mich sanft habe durchs Studium treiben lassen, muss ich dann schlussendlich meine Bachelorarbeit schreiben. Dabei finde ich allerhand Neues über mich heraus.

Erstens: Ich kann nicht schreiben. Ich schreibe wie die 16-jährige Realschülerin, die ich nie ganz aufgehört habe zu sein. Das einzig kluge Wort, das mir einfällt, ist „sukzessiv", also benutze ich es in jedem zweiten Satz, obwohl ich nicht mal wirklich weiß, was es eigentlich bedeutet.

Zweitens: Die Bachelorarbeit sorgt dafür, dass ich alle möglichen Dinge erledige, die ich monatelang herausgezögert habe. Ich rufe bei der Krankenversicherung an, gehe zum Zahnarzt, lasse mir im Hagelsturm erklären wie man eine Autobatterie wechselt und putze die Heizungslamellen. Alles kleine Aufgaben, mit denen ich mich vor einer größeren Aufgabe drücke. Um die Bachelorarbeit zu schreiben bräuchte ich also eine noch größere Aufgabe, vor der ich mich dann mit der Bachelorarbeit drücken kann.

Ich glaube, ich brauche ein Kind.

Irgendwann schaffe ich es, die Arbeit abzugeben und erwarte die „Verteidigung" eben dieser Arbeit.

Sechs Wochen nach Abgabe der Thesis, nachdem man alles menschenmögliche getan und in sich reingesoffen hat, um die vietnamkriegsähnlichen Flashbacks der letzten Monate unter Kontrolle zu bringen (zum Beispiel: Ich, wie ich mit 36 Büchern die Rolltreppe der U-Bahn-Haltestelle Charlottenplatz herunterfalle; Ich, wie ich merke, dass ich vier Wochen lang falsch zitiert habe und den Laptop an die Wand schmeiße; Ich, wie ich mich nachts in den Schlaf weine), muss man diesen Schrieb aus der Hölle auch noch verteidigen.

Dann fragen die Prüfer Dinge wie: „Wieso haben Sie sich für diese Methode entschieden?"

Was soll man denn da sagen? „Keine Ahnung, ich war die Hälfte der Zeit *sukzessiv* auf Red Bull und Koffeintabletten um mich hochzuputschen und den Rest der Zeit habe ich mit einer Überdosis Baldrian versucht, mich zum Schlafen runterzusedieren."

Zum Ende meines Studiums stelle ich fest, dass ich alles falsch gemacht habe. Ich habe irgendetwas mit Grafik studiert, was in der Hierarchie der schlechtesten Jobs nur knapp über Friseuren steht. Damals dachte ich: „Toll! Endlich kann ich mich selbst verwirklichen! Was sind denn materielle Besitztümer gegenüber Erfahrungen?"

Heute prügele ich mich mit einem Obdachlosen im Schlosspark um eine Pfandflasche.

Wieso habe ich nichts „Richtiges" studiert? Etwas mit einem hochtrabenden Namen wie Kybernetik, Maschinenbau oder Biochemie? Das wäre feministisch gewesen, dann könnte ich meinen Freundinnen beim Filmabend den Flächeninhalt der Partypizza ausrechnen oder meiner Oma zum Geburtstag eine kleine Bombe bauen, mit der sie den Briefkasten der Studenten-WG nebenan in die Luft sprengen kann.

Aber ich habe Grafik studiert. Ich weiß also nichts über Mathe, Physik oder darüber, wie man einen Schrank zusammenbaut, kenne mich dafür aber mit Komplementärfarben aus. Naja, solche Leute muss es schließlich auch geben.

Zwei Wochen nach erfolgreich abgeschlossenem Studium sitze ich im Arbeitsamt und flüstere der Frau mir gegenüber ein: „Was soll ich tun?", über ihren Schreibtisch.

Sie kneift die Augenbrauen zusammen und reibt sich die Schläfe, als würde allein meine Anwesenheit ausreichen, um ihr Kopfschmerzen zu bereiten: „Naja… Sie können vielleicht Volontärin werden."

„Volontärin? Ah ja, was ist das?", erwidere ich achselzuckend.

„Als Volontär gehen Sie in einen Betrieb oder eine Agentur und arbeiten 18 Monate lang 60 Stunden die Woche. Man erzählt Ihnen, Sie seien noch in der Ausbildung und bekämen deshalb nur 800 Euro im Monat. Sie sind der Chef Ihres Teams und unter Ihnen gibt es noch zwei ahnungslose Praktikanten. Es ist hart. Viele scheitern, einige werden wahnsinnig, manche laufen Amok und zünden den Betrieb an. Aber nach diesen 18 Monaten haben Sie neben einer Panikstörung und Burnout auch die besten Chancen irgendwann einmal fest angestellt zu werden", berichtet sie ohne jegliche Regung irgendwelcher Emotionen in ihrem Gesicht, „mit Festanstellung arbeiten Sie dann Ihr ganzes Leben 45 Stunden in der Woche. Man erzählt Ihnen, dass es Grafiker wie Sand am Meer gibt und deshalb bekämen Sie nur Mindestlohn. Sie sind der Chef Ihres Teams und koordinieren einen suizidgefährdeten Volontär und zwei ahnungslose Praktikanten. Es ist hart. Sie bekommen wegen der Arbeit am Rechner einen Rücken wie Quasimodo und Minus 8 Dioptrien. Aber irgendwann sind Sie tot und dann wird man Sie endlich in Ruhe lassen."

Dazu drückt sie mir einen Bewerbungsratgeber für „young professionals" in die Hand und scheucht mich hinaus.

Der Ratgeber hat den einladenden Titel:
It is a long way to the top if you wanna be a senior associate key account manager.

In diesem Ratgeber steht, dass ein neues Arbeitszeitalter angebrochen ist. Arbeiten heißt, zumindest in unserer Gesellschaft, nicht mehr rußverschmiert im Bergwerk zu wühlen, sondern in einem „tollen Team" im Büro zu brainstormen. Telefonkonferenzen sind keine lästigen Meetings mehr, bei denen man so klingen muss, als wäre man innerlich nicht komplett tot. Nein, es sind Gespräche mit vielen Freunden auf einmal.

Ich schlage „Überarbeitung" nach und lese: „Du hast Burnout? Mach doch Yoga!"

Das Buch sagt, man habe nicht einfach nur einen Job, man *ist* sein Job. Und es geht nicht darum, einen Job zu finden, der einem eine finanzielle Grundlage bietet, sondern darum, einen Job zu finden, der zu einem passt, wie eine Ernährungsweise oder ein Lebenspartner. Deshalb sei Ehrlichkeit auf dem Arbeitsmarkt auch so wichtig.

Ich denke, Ehrlichkeit kann dann ja nicht schaden und schreibe meine Bewerbung:
„Hallo!
Bitte gib mir einen Job!
Ich habe gerade mein Studium abgeschlossen, aber statt Erleichterung stellt sich langsam Panik vor meiner kompletten Verarmung ein. Hiermit möchte ich diese Panik beenden und mich bei Ihnen um eine Stelle als Grafikerin bewerben. Ich bin sehr kreativ

und denke auch gern über den Tellerrand hinaus. Zum Beispiel habe ich nur noch Pappteller Zuhause, damit ich nie wieder abspülen muss.

Ich integriere mich schnell in ein Team, sofern das Team kein Problem damit hat, sich von mir herumscheuchen zu lassen. Selbstständiges Arbeiten fällt mir schwer, da ich gerne Bestätigung und Rückmeldung bekomme, bevor mir mein Vorgesetzter am Abgabetag sagt, dass ich bitte alles nochmal neu machen soll.

Dafür bin ich belastbar, sofern genügend Kokain vorhanden sein sollte.

Meine besonderen Begabungen: Ich habe einen PKW-Führerschein, auf meine Qualität als Fahrerin sollten Sie aber lieber nicht bauen, da ich regelmäßig Cannabis konsumiere.

Ich hatte drei Jahre Latein. Falls also plötzlich die Überreste alter Römer aus ihren Gräbern steigen sollten, könnte ich vermitteln.

Über eine Einladung zum Bewerbungsgespräch würde ich mich ganz sicher nicht freuen, da muss man sich verkleiden und heucheln und sowas…

Schreiben Sie mir bei Interesse einfach auf WhatsApp."

Zwei Jahre später.

„Für wen war die Pommes rot-weiß?"
„Hier!", kräht ein kleiner dicker Mann und nimmt mir die Schale ab.

„Na, na, na", tadelt mein Vorgesetzter, ein 17-jähriger BWL-Student, „bitte mit etwas mehr Hingabe! Du willst doch auch irgendwann eine Empfehlung von mir, damit du mal was *Richtiges* werden kannst, oder nicht?"

Ich sage ihm, dass es kein richtiges Leben im Falschen gibt. Und dann singe ich Berthold Brechts „Einheitsfrontlied":

Und weil der Prolet ein Prolet ist,
drum wird ihn kein anderer befrei´n,
es kann die Befreiung der Arbeiter
nur das Werk der Arbeiter sein.
Drum links, zwei, drei!
Wo dein Platz, Genosse, ist!
Reih´ dich ein in die Arbeitereinheitsfront
Weil du auch ein Arbeiter bist.

Malte Küppers

Malte Küppers, geboren am 23. Februar 1988, ist normalerweise Sozialarbeiter an einer Duisburger Grundschule. Das scheint ihn allerdings so sehr mitzunehmen, dass er Entlastung und Spaß auf Poetry Slam-Bühnen des ganzen Landes sucht. Seit Anfang 2016 konnte er mit seinem Hobby schon das Finale der NRW-Landesmeisterschaften sowie eine Teilnahme an den deutschsprachigen Meisterschaften im Poetry Slam erreichen. Das Pottkind versucht immer, mit einer Prise Humor den Abend der Zuhörenden zu verschönern, wenn dies seine sympathische Art nicht vorher schon getan hat…

Mehr unter: www.fb.com/malti.kueppers

Kinderwunsch

Von Malte Küppers

Der größte Wunsch meiner Mutter ist es, Oma zu werden. Das macht ihr auch ziemlich zu schaffen, da dies ein Ziel ist, welches sie alleine nicht erreichen kann, es sei denn, sie würde sich strafbar machen…

Darum übt sie seit einigen Jahren dezent Druck auf mich aus, wann es denn bei mir so weit sei und ich endlich mal Vater werden würde. Nun ja, entgegne ich dann meistens, ich bräuchte dafür erstmal eine potentielle Mutter, was derzeit nicht der Fall ist, und allgemein könnte das schwierig werden. Ich meine, ich lebe in Duisburg, wenn man sich dort schonmal umgeschaut hat, weiß man, was ich meine. Aua.

Ich verstehe daher nicht so ganz, weshalb Mama ihre Hoffnungen nicht in meine kleine Schwester setzt, die ist immerhin in einer festen Beziehung mit diesem Bernd. Okay, Bernd ist ein Teddy und meine Schwester gerade acht Jahre alt, aber hey, was solls?

Doch nein, ihre Hoffnungen liegen allein auf mir. Mutter ist sogar so verzweifelt, als vor zehn Jahren Australien Männern das Angebot machte, diese als Samenspender für eine Woche einzufliegen, um dort drei Mal in einen Becher zu ejakulieren, wollte sie mir das unbedingt andrehen. Ihr war es also lieber, irgendwo massenhaft Enkelkinder in Kängurubeuteln aufwachsen zu lassen, als gar keine Oma zu werden.

Ich habe das natürlich nicht gemacht, denn wenn ich schon Vater werde, dann will ich auch der beste Vater des besten Kindes sein, den diese Welt je gesehen hat!

Das fängt schon bei der Namenswahl an. Natürlich muss es ein Doppelname sein. Wenn Eltern heutzutage etwas auf sich halten wollen, dann werden die Doppelnamen ausgepackt und zwar richtig gute, nicht so asozialer Quatsch wie zum Beispiel „Malte Arnold" – Danke, Mama! – nein, trendige Kinder werden nach einer Stadt benannt. Sowas wie Paris oder London. Da ich einen Jungen zeugen werde, zu etwas Komplexerem sind meine Gene nämlich nicht in der Lage, lautet sein erster Name also Castrop!

Als zweiten Namen brauche ich jetzt noch ein wohlklingendes Wort aus einem fernen Land, das beim Aussprechen wie Musik in den Ohren erklingt. Ein Wort, das Wärme und zeitgleich auch unfassbare Coolness ausstrahlt, ein Wort, dem man alles zutraut und es trotzdem einfach nur knuddeln will. Sein zweiter Name lautet Pingviini! Das heißt Pinguin auf Finnisch…

Das klingt doch wirklich mehr als süß, oder? Castrop-Pingviini Küppers! Mit diesem Namen sind die ersten Hürden des Lebens schon gemeistert, er weckt Interesse, aber macht es dem Kleinen im Leben auch nicht zu leicht, er wird kein Justin, aber eben auch kein Sören…

Wobei diese Überlegung nun aber in mir die Frage aufkommen lässt, was mit einem Kind passiert, das Justin-Sören heißt; wahrscheinlich rülpst es alle Symphonien von Mozart, Beethoven und Chopin zusammen oder es explodiert einfach, wie Kinder das halt so machen.

Doch zurück zum kleinen Castrop-Pingviini! Der soll es wie gesagt nicht zu leicht im Leben haben, ich habe keine Lust auf so ein weißes Mittelstandskind, das ohne Probleme durchs Leben zieht und am Ende so ein kleines, prätentiöses Arschloch mit 1er-Abitur wird! Nein, es sollte schon einer Minderheit angehören, um alle Widrigkeiten des Lebens mitzunehmen. Die Frage ist nur, wie ich das am einfachsten erreichen kann.

Ich habe mal von einem weißen, britischen Pärchen gelesen, welches ein schwarzes Kind bekam. Die Frau erklärte ihrem Ehemann den Sachverhalt so, dass sie während der Schwangerschaft einfach unfassbar viel Lakritz gegessen habe, was die Hautfarbe des Kindes nachhaltig veränderte! Klingt logisch und auch für mich nach einem guten Plan.

Aber was passiert eigentlich, wenn Castrop-Pingviinis Mama etwas anderes als Lakritze essen würde? Nehmen wir zum Beispiel täglich eine gute Dosis Kartoffeln, dann wird´s wahrscheinlich ein Nazi, oder täglich ein Glas Chilischoten, vielleicht gebärt sie dann einen kleinen, feuerspeienden Drachen.

Das wäre eigentlich genau mein Ding, mein Sohn, Castrop-Pingviini Küppers, der kleine Drache! Ich würde ihm schon früh zeigen, dass er alles werden kann, was er sich nur vorstellt, genug Material dafür gibt es ja: Ein Feuerwehrmann wie Grisu, unsichtbar wie Elliot, das Schmunzelmonster, ein langweiliger Gutdrache wie Tabaluga oder unfassbar reich wie Smaug.

Natürlich tue ich alles für letzteres, weil es auch um meine Rente geht, aber er soll immerhin glauben, dass er da eine Wahl hat, das ist wichtig für seine Entwicklung.

Ich freue mich jetzt schon darauf, nie wieder ewig den Grill anzuzünden, wir brauchen auch definitiv ein Haus mit Kamin und wer uns das nicht kostengünstig bauen will, der wird einfach flambiert. Dabei überlasse ich es dann auch Castrop-Pingviini, ob er die geschmorten Bauarbeiter fressen möchte oder nicht.

Es ist nämlich meines Erachtens nach wichtig, dass Kinder aus erster Hand erfahren, wo ihr Essen herkommt, um dann selber zu entscheiden, ob sie auf Fleisch verzichten wollen oder nicht.

Wie wohl die Geburt wäre, wenn Castrops Mama, wer auch immer sie am Ende sein mag, im Kreissaal liegt und unter Schreien schießt ein Feuerschwall – WUSCH – zwischen ihren Beinen hervor, setzt Arzt und Hebamme in Brand, während ich mit einem Netz danebenstehe, um den panisch davonfliegenden Castrop möglichst kompetent einzufangen. Da bekommt diese Plakatwerbung: „Brennts im Schritt?“, direkt eine ganz neue Bedeutung.

Die Kinnlade meine Mutter sinkt auf den Tisch, ich glaube, sie mit meinen Ausführungen ein wenig, vielleicht auch komplett, verstört zu haben. Langsam und behutsam stellt sie ihre Kaffeetasse liebevoll auf den Küchentisch, in der, soweit ich das mitbekommen habe, mittlerweile deutlich mehr Schuss als Kaffee enthalten ist. Mama steht stillschweigend auf, verlässt die Küche und geht mit schnellen Schritten ins Zimmer meiner Schwester. Während ich mir selbst einen Kaffee einschenke, höre ich zwei Zimmer weiter meine Mama in ruhigem Ton: „Also Kleine, wenn ein Mann und eine Frau sich wirklich gaaaanz doll lieb haben…“

Marina Sigl

Die 1996 in Donaueschingen geborene Slam Poetin hat Poetry, Poesie und Sprache im Blut. Schon während ihres Abiturs erhielt sie den Scheffelpreis für das beste Deutschabitur ihres Jahrgangs. Diese Begeisterung hat sie auch weiterhin nicht verloren, was sie zu einem Studium der Germanistik und Chemie auf Lehramt nach Konstanz verschlug.

2017 gründete sie eine eigene Hochschulgruppe für kreatives Schreiben und fand schnell den Weg zum Poetry Slam und Spoken Word. Heute ist Marina Sigl eine der besten Newcomer*innen in der baden-württembergischen Poetry Slam Szene und nahm 2018 bereits an den BW-Meisterschaften teil.

Am Ende ist alles gut

Von Marina Sigl

„Am Ende ist alles gut. Und wenn nicht alles gut ist, ist es noch nicht das Ende.“

Dieser Spruch ist mit einem wunderschönen Holzsteg hinterlegt, der über aquamarinfarbenem Wasser dahinschwebt und scheinbar bis zum Horizont reicht, wo gerade eine goldene Sonne dabei ist, im Meer zu versinken. Die Wolken um sie herum sind in sanfte Orange- und Rottöne gehüllt.

Da denke ich mir, dass dieser Spruch ja irgendwie wahr sein muss, wenn er auf einer dieser inspirierenden Postkarten steht. Doch falsch gedacht. Der Spruch ist nicht nur an sich falsch, sondern auch unglaublich verwirrend.

„Am Ende ist alles gut.“ Was ist überhaupt mit diesem Ende gemeint? Das Ende des Lebens? Wenn dort alles gut ist, dann habe ich ja jetzt, in der Gegenwart, nicht unbedingt etwas davon. Das Ende des Tages? Sicherlich nicht, dann liegen abends alle eine Minute vor Mitternacht im Bett und es will einfach nicht nach 23:59 Uhr und der nächste Tag werden, weil irgendwer irgendwo Bauchschmerzen hat und deshalb eben nicht alles gut ist. Dabei hat dieser Idiot wahrscheinlich einfach zu viel gegessen und trägt die Schuld für seine Schmerzen ganz alleine…

„Und wenn nicht alles gut ist, ist es noch nicht das Ende." Das soll mal jemand Leonardo DiCaprio am Ende von Titanic erzählen. Rose liegt auf ihrem rettenden Holzstück, auf dem beide eigentlich genug Platz gehabt hätten und er – naja, wir wissen schließlich, wie diese Geschichte ausgeht…

Oder das Ende von Aschenputtel: Das arme Mädchen heiratet am Ende zwar ihren Prinzen, aber damit auch den Mann, der sich nach einer ganzen gemeinsamen Nacht voll Tanzen und Spaß nicht einmal ihr Gesicht merken konnte und zu blöd war, das Blut der Stiefschwestern in einem gläsernen Schuh zu sehen.

Vor allem, wann genau ist alles gut? Ist es schon gut, abends allein Zuhause zu sitzen und ein Dach über dem Kopf zu haben? Oder bin ich ab sofort verpflichtet, jeden Abend extrem viel Spaß mit meinen extrem tollen Freunden zu haben und dabei guten Rotwein zu trinken, weil wir keinen schlechten mehr trinken dürfen, weil ja alles *gut* sein muss?

Ganz ehrlich, es *muss* doch nicht *immer* alles gut sein.

Manchmal ist es doch auch ganz schön, wenn einmal etwas bergab geht; zum Beispiel der Weg beim Radfahren, die Rutsche im Freibad, die Piste beim Skifahren oder eben die vielen Ansprüche an sich selbst. Schließlich ist es viel entspannender dann auszuschlafen, wenn es beispielsweise mit dem Anspruch, dieses Semester wirklich ordentlich zu studieren, auch ordentlich bergab geht.

„Am Ende ist alles gut. Und wenn nicht alles gut ist, ist es noch nicht das Ende." Dieser Spruch steht nicht auf dieser Postkarte, weil er wahr ist und genauso wenig, weil er irgendwie inspirierend ist. Er steht dort, weil in unserer Gesellschaft alles darauf ausgelegt wird, dass wir weiter machen, egal was passiert.

Wenn man morgens vor Übermüdung beinahe nicht mehr aus dem Bett kommt, trinkt man halt zwei Tassen Kaffee mehr. Wenn man auf der Arbeit nicht mit seinem täglichen Pensum fertig wird, werden einfach Überstunden gemacht, am besten unbezahlt. Sollte man dann Familie, Freunde, Arbeit, Freizeit, Sport, Partnerschaft und Hobbys nicht unter einen Hut bekommen, hat man einfach Pech gehabt und auch irgendwie versagt.

Wir funktionieren und funktionieren und funktionieren und funktionieren und funktionieren und dann gehen wir kaputt.

Denn es ist egal wie gut wir funktionieren, wir genügen nie den Ansprüchen der anderen – gelegentlich nicht einmal unseren eigenen. Wir glauben nicht mehr an uns selbst, stehen im Angesicht von Papierbergen aus Erwartungen und ernähren uns von Arbeitsstunden. In einer Flut von Menschen, die alle auch gut sein wollen, versuchen wir professionell und kompetent ein Schiff aus auswendig gelerntem Wissen zu konstruieren. Dabei vergessen wir leider, dass beispielsweise die Titanic von Profis, die Arche Noah aber von einem Amateur erbaut wurde.

Auch wenn man nicht der oder die Beste in irgendetwas ist, das man gerade tut – solange es Spaß macht, ist das doch okay. Sollte dann etwas Gutes dabei entstehen – bestens! Und wenn, wie bei meinen Kunstprojekten früher in der Schule, eher so eine 4+ herauskommt, dann ist das schließlich auch noch ausreichend. Man darf sich doch auch mal doof anstellen, jeder von uns lebt schließlich zum ersten Mal.

Wenn ich ganz ehrlich bin, die wenigen Menschen, die tatsächlich etwas am besten können, tun mir sogar ein bisschen leid. Schließlich gibt es irgendwo einen Menschen, der das beste Schweizerdeutsch der Welt spricht – verstehen werden wir ihn deswegen aber trotzdem nicht. Außerdem gibt es irgendwo auch einen Menschen, der am besten darin ist, seine Eltern zu enttäuschen. Oder einen Menschen, der sich am häufigsten den kleinen Zeh an der Tischkante stößt. Von Legosteinen möchte ich gar nicht erst anfangen…

Man muss nicht in allem gut sein und vor allem nicht der oder die Beste. Lieber einen Time-Out als einen Burn-Out. Lieber anhalten und wieder volltanken als ein Motorschaden mit 180 km/h auf der Autobahn. Lieber auf sich selber hören und wem auch immer sagen, dass du jetzt einfach mal machst, was dir gefällt, statt nur zu funktionieren.

Es ist einfach zu funktionieren, doch zu leben ist schwer – und vielleicht solltest auch du darüber einmal nachdenken. Richtig zu leben erfordert die Stärke, zu dir selbst zu stehen. Und wenn du dich dann irgendwann selbst sagen hörst: „Nein! Oma, ich möchte wirklich keinen Nachschlag mehr", dann schaffst du es sicherlich auch, nein zu anderen Menschen zu sagen, schließlich ist alles leichter als Essen bei Oma abzulehnen…

Wenn ich irgendwann einmal in die Lage komme, eine inspirierende Postkarte zu schreiben, dann werde ich daran denken, dass sogar Einstein anfangs im Patentbüro arbeiten musste, weil er zu unkonventionelle Physik gemacht hat. Und dann möchte ich als Hintergrund keinen karibischen Strand mit Sonnenuntergang, sondern eine Kloschüssel – und als Spruch:

„Beschissen sein gehört dazu."

Ivica Mijajlovic

Der Vorarlberger Poetry Slammer absolvierte in den letzten Jahren über 200 Auftritte auf Bühnen im gesamten deutschsprachigen Raum und ist unter anderem für die Österreichische sowie Deutschsprachige Meisterschaft 2018 nominiert.

Seine Texte sind mal nachdenklich und mal gesellschaftskritisch – immer gewürzt mit viel Ironie und feinem Humor. Thematisch beschäftigt sich Ivica Mijajlovic meist mit Liebe und Hass, Krieg und Frieden, Leben und Tod, erwachsen werden und nicht erwachsen werden, sich verlieren und finden. Es geht eben um Alles… – und um Nichts.

Der Tag, an dem die Welt unterging

Von Ivica Mijajlovic

Ich wachte in meinem Bett auf, neben mir eine Flasche Rum. „Fuck, was ist gestern passiert?“, dachte ich mir und hörte erste Schreie. Ich ging zum Laptop und versuchte, mich mit dem Internet zu verbinden: Es ging nicht. Ein zweiter Versuch: Es ging nicht. Ich hörte wieder Schreie.

Ich nahm mein Handy, versuchte auf WhatsApp zu kommen – keine Verbindung möglich. Das kam mir alles komisch vor, ich ahnte Schlimmes und schaltete den Fernseher ein. Dort sah ich Angela Merkel in einer Sondersendung. Sie erklärte, dass wohl jemand das Internet entführt habe und eine Sonderkommission den Fall gerade gründlich untersuche.

War es ein Terroranschlag? War es der IS, Horst Seehofer oder doch die Illuminaten?

Ich ging vor die Tür und sah die Apokalypse. Männer irrten verloren auf den Straßen herum und bettelten – nach Pornos. Junge Frauen boten ihren Körper an – für freies W-Lan. Rechte Idioten zogen durch die Straßen und brüllten ihre Scheiße frei heraus, da sie diese jetzt nicht mehr auf Facebook publizieren konnten. Teenager verloren ihr komplettes Selbstbewusstsein ohne die Likes, Herzchen und Kommentare ihrer Selfies.

Man konnte sich keine lustigen Katzenvideos mehr ansehen. Film- und Serienfreaks protestierten auf den Straßen: FREE NETFLIX! Donald Trump wurde depressiv, weil er nicht mehr twittern konnte! Youtuber und Blogger verloren ihren Job, LeFloid und Bibi begingen sogar sofortigen Selbstmord. Jahrelange Beziehungen gingen in die Brüche, ohne WhatsApp war Kommunikation miteinander nicht mehr möglich. Auch jemanden kennenzulernen ging nicht, wie denn – ohne Tinder? Was soll man machen? Einfach jemanden ansprechen?

Referate mussten abgesagt werden – ohne Wikipedia schlicht unmöglich. Dickpicks mussten nun mit der Post versendet werden. Serienjunkies zogen durch die Straßen und plünderten bei Media Markt die neusten Staffeln von Game of Thrones. Frauen verloren kreischend ihren Verstand – so ganz ohne Zalando. Junge Männer sahen nach jahrelangem Exzessivspielen von World of Warcraft das erste Mal wieder Sonnenlicht.

Die Menschen waren orientierungslos, keiner wusste mehr wohin – das ist auch schwierig ohne Google Maps. Alle waren unglaublich sauer, aber keiner konnte seine Gefühle ausdrücken. Wie denn auch, ohne Emoticons?

Gauland trat im ZDF auf und hetzte: „Das waren sicher die Moslems. In W-Lan sind drei Buchstaben ‚Lan'. Wenn das mal kein Zeichen ist!"

Die Bitcoins fielen rapide ab, Amazon und Facebook gingen pleite. Es gab die größte Suizidwelle seit dem Ende von Tokio Hotel. Überall herrschte pure Anarchie, das Leben von uns allen wurde verändert, außer das von meinem Vater, der hielt das Internet sowieso schon immer für eine Modeerscheinung…

Krisensitzungen wurden abgehalten, um das Internet zu finden, doch ich wusste, diese Idioten verstehen es nicht. Ich musste wohl mal wieder die Welt retten, denn ich wusste gleich, wer dahintersteckt: Es war die Zeit – diese alte Bitch.

Die anderen hatten es nicht verstanden, ich dafür sofort: Das Internet hat uns allen so viel von ihr geklaut, da rächte sich die Zeit und entführte das Internet. Ich kannte die Zeit schon lange, sie war ein wenig wie eine alte Freundin, doch irgendwann habe ich sie aus den Augen verloren.

Also suchte ich die Zeit überall, wo sie mal anhielt, an diesen wundervollen Orten, wo sie mal stillsteht und wir abschalten können.

Ich suchte sie in unserer Lieblingsbar, in der wir uns oft zusammen betranken. Ich suchte sie in den Bergen, in denen ich sie oft am Horizont traf. Ich suchte sie am Meer, wo sie beim Rauschen der Wellen einfach stillstand. Doch sie war nicht da, die Zeit war einfach verschwunden.

Es war, als würde die Zeit sich vor mir verstecken, doch ich gab nicht auf. Ich fragte überall nach der Zeit, aber die Meisten sahen mich verständnislos an, andere gaben mir einfach eine Uhrzeit, als würde mir das helfen.

Da draußen herrschte das Chaos und die Zeit war einfach weg. Ich war an all unseren Plätzen, überall wo sie eigentlich stillsteht. Doch es war auch dort zeitlos. Ich gab auf und ging nach Hause.

Einige Zeit verging und wir leben nun in einer anderen, aber vielleicht besseren Welt.

Die Menschen schreiben sich wieder Briefe. Auf Partys schauen sie einander an, nicht mehr nur ihre Smartphones. Gespräche werden unter vier Augen und nicht über ein Display geführt. Wenn man jemanden kennenlernen will, spricht man die Person einfach an. Wildfremde Menschen reden wieder miteinander. Die Kinos sind wieder voll mit Menschen, die den Film genießen möchten. Die Menschen lesen wieder Zeitungen – und es ist nicht die Bild. Auch lesen die Menschen wieder Bücher, wie früher, auf Papier. Musikalben kann man wieder anfassen und spät in der Nacht laufen im Fernsehen wieder Pornos.

Kinder spielen wieder auf den Straßen und nicht vor einem Monitor. Beziehungen enden nicht mehr, weil die Nachricht gelesen, aber nicht beantwortet wurde.

Beziehungen werden nun im echten Leben und nicht auf einem Display geführt. Niemand ist mehr dauernd erreichbar und die NSA ist depressiv, weil sie keinen mehr überwachen kann.

Ich war in meiner Lieblingsbar im Barfly. Nach meinem circa dritten bis siebten Jameson Cola sah ich sie auf einmal. Die Zeit saß einfach da, in unserer alten Ecke. Ich ging auf sie zu.

Ich wollte ihr einiges sagen, mich über alles beklagen, sie fragen, wie konnte sie es wagen…

Doch sie schaut mich nur an und ich hatte verstanden. Ich stand da, blickte ihr in die Augen und sagte einfach nur: „Danke."

Sie lächelte und bestellte uns zwei Tequila gold. Und die Zeit stand still.

Diese Welt, in der wir nun leben, ist sehr viel ehrlicher. Sie ist ruhiger. Echter. Die Menschen folgen nicht mehr Twitter, sie folgen ihren Träumen.

Und wir, wir schreiben uns nicht mehr, dass wir uns lieben. Wir sagen es.

Sylvie le Bonheur

Sylvie le Bonheur steht seit 2009 auf diversen Bühnen und trägt selbst geschriebene Texte vor. Nach mehreren Jahren Lesebühne veranstaltet sie seit 2017 Lesen für Bier in Heidelberg, obwohl sie nach dem ersten Bier schon betrunken ist.

Sylvie mag Bier, ist aber prinzipiell offen für alles und schämt sich für vieles, aber dafür nicht.

Mehr unter: www.fb.com/sylvielebonheurslam

Dein Feind, der Baum

Von Sylvie le Bonheur

„Mein Freund, der Baum / ist tot / er fiel im frühen Morgenrot" (Alexandra)

Ich glaube nicht, dass Bäume Menschen gerne hassen. Aber wie man in den Wald hineinruft, so schallt es… – ihr wisst schon. Habt ihr euch einmal gefragt, warum es eine Steinzeit gibt, aber keine Holzzeit? Klar, wir leben im Kohlezeitalter, aber als Baum wäre ich da nicht geschmeichelt.

Wie fänden wir es, wenn Bäume jahrtausendelang verweste Menschenleichen in einen Ofen schmeißen würden, anstatt ihre eigenen Verwandten zu verbrennen, wenn ihnen kalt ist? Oder wenn sie Menschen töten, zusammenschreddern und das ganze Gewebepellets nennen würden?

Wisst ihr, wie Bäume uns sehen? Als Sauerstoffjunkies, die ihren Drogendealer umnieten, damit die Bude beim kalten Entzug kuschlig warm ist. Apropos warm: Der Klimawandel geschieht uns ganz recht. Ich wette, die Bäume stehen einfach so rum, nicken sich zu und sagen: „Nice comeback. Erst verbrennt die Menschheit uns, dann ersäuft sie wegen zu viel CO2. Und wir Bäume mutieren zu Mangrovenwäldern und chillen entspannt mit unseren Wurzeln im Wasser, während die Menschheit von Taschenkrebsen angeknabbert wird."

Apropos angeknabbert, dieses Gedicht von Heinz Erhardt: *Hinter eines Baumes Rinde wohnt die Made mit dem Kinde* – nicht lustig! Das muss doch furchtbar jucken. Vielleicht haben Bäume Zweige, damit sie sich gepflegt kratzen können. Oder, um wandernden Jack Wolfskin Geocachern ins Gesicht zu schlagen. Einmal links, einmal rechts und voll in die Fresse. Grund dazu hätten sie allemal.

Ihr erinnert euch an die Sache mit dem sauren Regen? War ein großes Ding in den 80ern, weil der Schwarzwald plötzlich scheißkahl aussah und ein paar Hotel Garnis Angst vor dem Konkurs hatten, weil niemand Baumleichen gucken kommen will. Ja, dann interessiert saurer Regen. Der gesundheitsbewusste Mensch kocht sich einen Basentee, damit er nicht übersäuert, aber von den Bäumen erwartet er, dass sie irgendwie drauf klarkommen. Wenn die Menschheit dir sauren Regen gibt, dann lass dich zum Zitronenbaum umschulen und mach Limonade draus!

Apropos Baumschulen: das Grauen der Waldwelt. Man wird an einen Holzpflock angebunden, um gleich vor Augen zu haben, wie man enden wird, und dann soll man wachsen, seinem Schicksal als Nutzholz entgegenstreben, egal ob man Höhenangst hat oder nicht.

"Wenn ein Baum in einem Wald umfällt, aber kein Mensch hört oder sieht es, ist der Baum dann tatsächlich umgefallen?"

Für einen Baum ist das kein philosophisches Gedankenspiel, um sich pubertär auf eine Flasche Jägermeister intellektuell einen runterzuholen, für den ist das eine existenzielle Frage: Tot oder nicht tot. Mich macht das traurig. Und wütend. Für den Menschen im Allgemeinen aber sind die Gefühle von Bäumen nur Randnotizen. Und wenn wir versuchen, sie zu verstehen, dann holzen wir sie ab und bedrucken Papier, um miteinander darüber zu kommunizieren, dass sie kommunizieren.

Das geheime Leben der Bäume. *Was sie fühlen, wie sie kommunizieren* – das Buch ist ein Bestseller. Aber warum sollten Bäume auch nicht miteinander kommunizieren? Ich wette, die sind richtige kleine Plaudertaschen: „Hey, Ulme. Die Weide ist wieder depri drauf, weil sie Hängezweige hat. Wir planen einen Blitzeinschlag, damit sie mal auf zack kommt. Weitersagen!“

Wir müssen unsere Einstellung ändern. Ich fordere die sofortige Streichung der Gattungsbezeichnung „Krüppelkiefer“ und eine Umbenennung in „niedlich-zierlich gewachsene Kiefer“. Die Mammutbäume haben übrigens eine Petition eingereicht, dass sie zukünftig „sehr schöne, stattliche Bäume“ heißen wollen, weil einige ihrer Schösslinge eine Körperschemastörung entwickeln, aber ich finde, diese fetten Angeber sollen einfach drauf klarkommen. Die deutsche Eiche hat auch ein Imageproblem, aber jammert die rum? Nein, die sagt sich: „In tausend Jahren ist alles wieder anders, und tausend

Jahre vergehen manchmal schneller, als man denkt." Vielleicht gibt es bald ein Druidenrevival und alle Eichen werden wieder zu heiligen Bäumen. Die Kühe Europas, sozusagen. Und Robin Hood wird in Filmen nicht mehr der König, sondern der Parasit der Wälder sein, aber trotzdem von Kevin Costner gespielt werden. Vögel müssten Miete zahlen und Bäume wären endlich wieder die Krone der Schöpfung. Schaut ihn euch an, den Baum, wie er sich von Luft und Wasser ernährt. Probiert das mal und werdet 2000 Jahre alt, dann sprechen wir uns wieder.

Würde in meiner Straße ein Baum gefällt werden, würde ich keine sentimentalen Lieder hören. Was soll diese Rührseligkeit? Dein Freund, der Baum? Der war nicht dein Freund, Alexandra! Wenn du eine *Entfrau* gewesen wärst, könnten wir nochmal drüber reden. Der fiel auch nicht im frühen Morgenrot, der ist gefällt worden, verstehste?

Das World Trade Center ist ja auch nicht einfach so kollabiert, weil es keinen Bock mehr hatte, rumzustehen. Mach dir nichts vor. Der Baum wurde gefällt. Mit einer Kettensäge. Wrrr, Wrrr. Benzingeruch, splitternde Rinde, Holzspäne, tot.

Wie wäre es mit einer Armlänge Abstand? Für alle! Vor allem für die Menschen, die lieben. Liebe ist das Gefühl, das Menschen dazu bringt, Herzen in die Rinde von unschuldigen Bäumen zu ritzen. Mit Messern! Fragen die höflich: „Hallo liebe Birke, darf ich dich mit diesem spitzen Gegenstand verunstalten, weil ich gerade ein paar heftige Gefühle im

Unterleib habe und mich nicht traue, einfach zum Objekt meiner Begierde hinzugehen und zu fragen: „Ey, willst du bumsen?"

Ein Baum geht doch auch nicht zu dir hin, bläst dir Pollen in den Arsch und sagt: „Hey, lauf mal rüber und pups den Ahorn an."

Nein! Der fragt ´ne Biene, ob sie für eine Handvoll Pollen Bock hat, ein paar Messengerdienste zu übernehmen. Und wenn die Biene sagt: „Nö, keen Bock", dann schnappt sich der Baum kein Lasso und vergewaltigt die Biene, nein! Er wartet auf den Wind. Und jetzt steht er hier, er kann nicht anders.

Wo soll er auch hin? Wurzeln in der Erde, Flügel in der Krone von den Vögeln, die ihn vollkacken, das ist die Freiheit des Durchschnittsbaums. Eines Tages wird er sterben, durch Blitzschlag, Holzkäfer, den Mann mit der Kettensäge oder einen Druiden, der vom Glauben abgefallen ist. Niemand wird ihn vermissen, keiner wird um ihn trauern.

Und falls doch: Stellt kein Holzkreuz für ihn auf.

Patrick Höll

Patrick Höll ist ein in Karlsruhe lebender Künstler, der seit mehr als sechs Jahren Lieder, Texte und Gedichte schreibt. In seinen Schöpfungen kombiniert er seinen Alltag, Skurrilität und überirdisch unterirdischen Wortwitz zu einem schmackhaften Potpourri.

Momentan tourt er hauptsächlich mit seiner Ukulele, spielt Theater und erfreut Ohren zudem mit dem Podcast „Die Punzerknacker“. Einen Ausschnitt seiner fantastischen Werke sind im Internet unter dem Namen „bananenparty“ auf YouTube, fanfiction.de oder Facebook zu finden.

Mehr unter: www.fb.com/Bananenparty

Meine kleine Depression

Von Patrick Höll

Ich wache auf und bin überrascht. Es grenzt fast an ein Wunder, dass ich mich nach all den Jahren noch immer davon überraschen lasse.

Ich kenne sie seit Ewigkeiten und trotzdem vergesse ich regelmäßig, dass sie existiert. Aber das tut sie.

Und gerade in diesem Moment erinnert sie mich aktiv an den Fakt ihrer Existenz. Denn meine kleine Depression sitzt mir mal wieder auf dem Brustkorb.

„Guten Morgen“, sage ich verschlafen.

„Streich das ‚Guten‘, dann wird ein Schuh draus“, antwortet mir meine kleine Depression und versucht, mit ihren scharfen Reißzähnen ein Grinsen nachzuahmen. „Hmmm… Auch wieder wahr“, sage ich und spüre deutlich das wachsende Gewicht auf meinem Oberkörper: „Wie spät ist es?“

„Viel zu spät“, sagt meine kleine Depression schnippisch, „du hattest dir ja gestern vorgenommen, heute produktiv zu sein, aber dazu hättest du zwei Stunden früher aufstehen müssen! Jetzt ist es fast elf Uhr und du wirst mal wieder nichts gebacken bekommen! Schließlich musst du ja noch Frühstücken, Duschen, Einkaufen und Mittagessen. Bis du damit durch bist ist der Tag sowieso gelaufen!“

„Hmmm… Auch wieder wahr“, sage ich.

„Wärst du mal gestern früher ins Bett gegangen, dann wäre dein heutiges Potential nicht verschwendet gewesen!“, erwidert meine kleine Depression.

Ich fühle mich attackiert und versuche, diese erste Gefühlsregung des Tages in Worte zu fassen: „Das ist doch Quatsch! Du hast mich doch gestern ewig vom Schlafen abgehalten! Obwohl ich wirklich fertig vom Tag war, hast du mich pausenlos vollgelabert und einfach nicht in Ruhe gelassen."

„Ja, es gab schließlich genug zu erzählen!" Meine kleine Depression beginnt vor und zurück zu wippen: „Seit ein paar Tagen fühle ich mich komplett ignoriert! Da dachte ich, jetzt kann ich gut die Zeit zu zweit nutzen, um dich an die wichtigen Dinge zu erinnern, über die du dir so lange keine Gedanken gemacht hast. Denn wer außer mir sollte dich daran erinnern?"

„Hmmm… Auch wieder wahr", sage ich und hebe leicht meinen Kopf, um ihr direkt in die Augen zu schauen.

Heute ist meine kleine Depression sogar ziemlich groß. Ich denke, wenn wir uns gegenüberstünden, könnte ich ihr einfach so einen Kuss auf die Stirn geben. Nicht, dass ich das wollen würde, schließlich ist und war Körperkontakt schon immer eher ihre Sache.

Meine Brust beginnt zu schmerzen. „Mir fehlt irgendwie die nötige Energie für den Tag", sage ich während des Versuchs, mich aufzurappeln, „ich glaube, ich sollte etwas essen."

„Ach, glaubst du?" Ihr Gewicht drückt mich nach unten, während ich ihren Sarkasmus förmlich riechen kann.

„Aber im Ernst, Energie? Energie für was?", legt sie los, „du hast ja nicht ansatzweise mit den Dingen begonnen, für die du tatsächlich Energie bräuchtest. Und bis du dann dazu kommst, hast du schon wieder alles für sinnlose Dinge verbraten. Fang doch einfach sofort damit an! Aber so wie wir beide dich kennen, wird das eh nicht passieren."

„Hmmm... Auch wieder wahr", sage ich.

Zugegebenermaßen ist ihre heutige Größe gar kein Ausnahmezustand. Hin und wieder bekomme ich sie wirklich fast nicht mit, aber sonst brüllt sie mich so sehr in Grund und Boden, dass sie auf mich so groß wie ein Hochhaus wirkt. Ein Hochhaus, auf das man gehen würde, um sich bei einem Sprung zu einhundert Prozent sicher sein zu können, ihn nicht zu überleben. Das wäre zumindest ihre eigene Beschreibung von sich gewesen.

Trotzdem nenne ich sie immer „meine kleine Depression", denn ich bin mir sicher, dass andere Leute viel größere Depressionen haben. Wie besorgt wären meine Freunde oder gar meine Familie, wenn sie wüssten, wie groß meine wirklich ist...

„Ich denke, ich bleibe erstmal liegen", sage ich.

Meine kleine Depression schaut mir wütend in die Augen: „Natürlich bleibst du erstmal liegen, du fauler Sack! Deshalb bekommst du ja nichts gebacken, weil du jeden Morgen stundenlang im Bett versauerst, anstatt produktiv zu sein! Dir fliegt nicht nur die Zeit, sondern jegliche Chance weg, irgendwann überhaupt etwas zu erreichen! Es ist uns ja seit jeher klar, dass bei dir Hopfen und Malz verloren ist. Wetten, dass selbst wenn du tatsächlich irgendwas in die Hand nimmst, es gewaltig in die Hose ginge? Eigentlich können wir ja froh sein, dass du hier rumlümmelst, denn wer weiß, was für Katastrophen du sonst auslösen würdest."

„Hmmm… Auch wieder wahr", will ich sagen, bekomme aber keinen Ton mehr heraus. Meine Brust fühlt sich an wie zerquetscht, mein Kopf ist zum Bersten gefüllt. Mit einer großen, verzweifelten Geste greife ich zu dem Notizbuch neben mir auf dem Nachttisch.

„Ohoooh, wollen wir etwa wieder kreativ sein? Ja, das bringt dich ganz sicher weiter! Denn es ändert so viel an der Tatsache, dass du scheiße viel zu tun hast und pausenlos deine Zeit verplemperst! Was erwartest du? Dass plötzlich Tom Riddle aus dem Buch steigt und deine Arbeit für dich erledigt? Dass diese Schreiberei dich irgendwie rettet?"

Meine kleine Depression zetert und schreit, während ich schreibe. Sie erinnert mich an all das, was ich noch tun muss, was ich nicht getan habe und was ich in meinem Leben bereits alles verbockt habe. Sie lacht hämisch über jede meiner Zeilen und schreit mir ins Ohr, dass das genau die Reaktion ist, die ich von jedem, der mit ihnen in Kontakt käme, erwarten müsse. Aber ich schreibe weiter.

Trotz des Lärms schaffe ich es, mich Buchstabe für Buchstabe wieder zu ordnen. Ich hangle mich von Wort zu Wort, von Formulierung zu Formulierung, von Punkt zu Punkt.

Dann schaue ich vom Buch auf und treffe ihren Blick. Ich meine, dass sie etwas kleiner geworden ist.

Während ich sie betrachte, hat sie den Braten wohl gerochen: „Nein, nein! Das ist nicht dein Ernst!“, keift sie, aber mit aller verbleibenden Kraft hebe ich sie von meinem Brustkorb und richte mich auf.

„Bist du wahnsinnig?“, schreit sie mich an, „es ist kurz nach zwölf, du hast quasi verkackt! Das hier ist ein verlorener Tag! Ein vollkommen verlorener Tag!“

Nachdem ich sie in ihren Tiraden musterte, richte ich meinen Blick auf das nun etwas vollere Notizbuch. Ich schaue ihr in die Augen und sage mit einem erschöpften Lächeln auf den Lippen:

„Von mir aus, lass es ein verlorener Tag sein. Aber immerhin hat er mit einem kleinen Sieg begonnen.“

Maron Fuchs

Die 1995 geborene Maron Fuchs wirbelt seit mehreren Jahren mit ihrer lebensbejahenden Lyrik über die Slambühnen Deutschlands. Die Geschwindigkeit, mit der sie ihre Texte vorträgt, sucht ihresgleichen. Abseits der Slambühne hält sie auch gerne Lesungen aus ihren Jugendromanen. Zum Studium hat es sie nach Bamberg verschlagen, wo sie ihren ersten Auftritt hatte.

Unterwegs war die Bayernslamfinalistin von 2017 und 2018 seitdem für das gute Gefühl, auf der Bühne zu stehen und dem Publikum mit ihren Texten, die von Herzen kommen, etwas mitzugeben – nicht mehr nur in Franken, sondern im gesamten deutschsprachigen Raum.

Mehr unter: www.maronfuchs.de

Fernbedienung fürs Leben

Von Maron Fuchs

Bombenszene, laut und spannend, hektisch, aber leider geil;
die Netflix-Serie geht, das finde ich, so richtig steil.
Doch da gerade, ganz bescheuert, die Cola auf die Blase drückt,
hab´ ich für eine Klopause die Leertaste mal schnell geklickt.
Ist ja kein Problem. Muss ich mal beim Filmeschauen, halte ich den Stream kurz an,
damit ich nichts verpasse und gleich weiter gucken kann.
Ist mir doch mal was entgangen, spule ich – das geht zum Glück –,
einfach zu der Szene, die ich nochmal sehen will, zurück.
Wird´s langweilig oder frustrierend, gar kein Stress, ich überspringe.
Ach, wenn das auch im echten Leben auf Knopfdruck und so einfach ginge…

Na, immerhin Erinnerungen kann ich zurückspulen, wobei ich das nicht bei jeder will.
Manches war grässlich, peinlich, zerschmetternd, das ruht besser da hinten und schweigt für immer still.

Manches hingegen war so schön, so beflügelnd, so erbaulich und so toll;

die Momente anzuhalten, wäre da schon wundervoll.
Oder sie erneut zu erleben und stattdessen so einiges von den ätzenden Dingen,
Prüfungen, Verluste, Scheitern und Ärger, im Austausch fix zu überspringen.

So ´ne Fernbedienung fürs Leben, die hätte wirklich was.
Ich überspringe jeden verheulten Nachmittag, jeden Stress und spule lieber gleich zum Spaß.
Wenn mir alles zu viel wird, bleibe ich entspannt zu Hause,
überspringe jede Hektik und schalte das Leben auf Pause,
spule manchmal zurück zu den schönen Augenblicken,
habe alles unter Kontrolle und muss dafür nur manchmal klicken.

Und ich stoppe beim Spulen immer mal wieder, lache dabei sogar viel.
Was hab´ ich mir damals *dabei* gedacht? War *das* echt mal mein Stil?
Die fand ich besonders und toll? Mit *so was* hab´ ich mich in die Schule gewagt?

Deshalb hab´ ich mich mal verknallt? In *dem* Test hab´ ich ernsthaft versagt?

Seinetwegen habe ich ewig geweint? *Das* hab´ ich mir gefallen lassen? Warum?!
Wow, heute würde das anders laufen. Gott, was war ich damals dumm.

Ich halte den Erinnerungsfilm an und komme ins Grübeln;
die eine oder andere Sache werde ich mir wohl immer verübeln,
jedenfalls aus heutiger Sicht. Aber so, wie ich jetzt bin, war ich damals ja noch nicht.
Schaue ich fünf Jahre zurück sehe ich, klar, das war ich schon,
aber ich bin nicht mehr ganz genau diese Person.
Auch wenn man sich auf alten Fotos und in den Erinnerungen durchaus wiedererkennt,
nach ein paar Jahren ist man nicht mehr so, zumindest nicht zu hundert Prozent.

Denn man bleibt nicht sein ganzes Leben lang derselbe Mensch und so ist es auch gut.
Man entwickelt sich weiter, lernt aus Fehlern, aus Erfolgen und findet nach und nach den Mut,
Neues zu wagen, schwierige Entscheidungen zu treffen, und selbst wenn man dabei manchmal hart auf die Fresse fällt,
lernt man auch, sich zu sammeln und wieder aufzustehen. Weil einen nicht jede Altlast schwer auf dem kalten Boden hält.

Und gerade beim Gedanken an meine Altlasten wünschte ich oft, ich hätte die Vergangenheit übersprungen oder könnte sie ändern, aber das kann ich nicht – zum Glück!
Denn alles, auch das Schlechte, was mir passiert ist, führte, Stück für Stück,
zu dem Menschen, der ich heute bin. Nicht perfekt und fehlerfrei, aber eigentlich ganz okay.
Nicht immer vorbildlich und clever, aber schon besser als die Version, die ich von vor fünf Jahren seh´.
Nicht immer so fleißig und stark wie in Optimalvorstellungen, geschweige denn immer höflich und nett,
aber schon erfahrener, tapferer und weiter, als ich´s mir einst selbst zugetraut hätt´.

Inzwischen bin ich Slam Poetin, das war undenkbar vor fünf Jahren.
Dass es heute ganz natürlich ist, darüber bin ich mir erst seit Kurzem im Klaren.
Auch Wäsche waschen kann ich nun, damit hab´ ich lang gekämpft.
Heut lach´ ich drüber, denke ich dran, wie sehr hat mich mancher Frust gedämpft!

Was früher gar nicht machbar schien, ist heute zum Teil möglich.
Klar, manches Vorhaben erscheint mir immer noch zu riesig und fast tödlich,

aber Schritt für Schritt und Jahr für Jahr komm´ ich dem einen oder anderen Ziel näher und streck die Arme weiter aus.
Tag für Tag wachs ich unmerklich wieder über mich hinaus;
Woche für Woche denk ich mir, wenn ich mich vor Arbeit drücke, denn darin bin ich ein Experte,
dass ich nichts tue und nichts schaffe, ist doch echt die Härte.
Dabei merkt man nur nicht gleich, dass jeden Tag ein winziger Schritt passiert.
Dass man jeden Tag die eine oder andere kleine Unsicherheit verliert.
Dass auch die „vergeudete" Zeit nicht so verschwendet ist, wie man vielleicht denkt,
weil man sich auch mit jedem Gammeln, Chillen und Rumhängen wertvolle Minuten schenkt.

Eigentlich, fällt mir so auf, braucht man keine Fernbedienung fürs Leben, um Momente zurück- und vorzuspulen, denn wahrscheinlich hilft es nur bedingt,
wenn man ständig hin und her zwischen Vergangenheit und Zukunft springt.

Eigentlich braucht man keine Fernbedienung, um Augenblicke anzuhalten.
Eigentlich braucht man keine Fernbedienung, um wirklich an- und auszuschalten.

Denn das Leben läuft immer, ob jetzt gut oder schlecht,
und anders als Filme und Serien ist es immerhin echt,
mit den Erfolgen, den Fehlern, den Dummheiten und Katastrophen jedes Jahr.
Und dass man daran im Nachhinein nichts überspulen kann, nervt schon manchmal, klar.
Aber wenn man mit einem Bein stets in der Vergangenheit steht und mit dem anderen schon in der Zukunft ist,
macht man sich das Leben nicht leichter, weil man auf die Gegenwart pisst,
was den Alltag ziemlich unangenehm gestaltet und auch noch echt stinkt.
Da verzichte ich lieber auf eine Fernbedienung, mit der man letztendlich nur im *Was-wäre-wenn* versinkt.

Auch wenn man die schönen Momente nicht wieder und wieder ablaufen lassen kann, diese tolle Feier, den ersten Kuss,
auch wenn man ätzende Kapitel nicht so einfach überspringt, sondern mal durchleiden muss,
das ist gut so. Denn so bleibt man nicht beim alten *Ich* in der Vergangenheit stecken und macht sich´s beim Überspringen in die Zukunft nicht zu bequem.
So lernt man, sich über den Moment zu freuen, und packt wieder und wieder an, bei jedem neuen Problem.

So wird man stärker, vorsichtiger, klüger und für das Kommende bereit.
Doch all das – Mut, Wissen, Lebenserfahrung – lernt man halt nur mit der Zeit.

So erkennt man, dass es großartig ist, auch wenn es nicht immer und konstant voll fetzt:
Die beste Zeit, um am Leben zu sein, ist das Hier und Jetzt.

Oliver Walter

Oliver Walter philosophiert gerne mit dem Presslufthammer. Entsprechend sind seine Gedankengänge filigran wie ein betrunkenes Elefantenballet in einem sehr beengten Porzellanladen, dafür aber auch meist ähnlich unterhaltsam.

Der Nürnberger, fränkische und bayrische Vizemeister im Poetry Slam 2018 gilt als das Bayer Leverkusen der Slamszene, ist Pfeifenraucher, stolzes ADAC-Mitglied, Brillenträger und Besitzer verschiedener Teilnahmeurkunden von Bundesjugendspielen. Daneben arbeitet er als Humorist, Philosoph, freier Redner für Zeremonien und gibt Rhetorikseminare.

Mehr unter: www.walter-oliver.de

Volker, hör die Signale!

Von Oliver Walter

Vor kurzem war ich bei Ulla und Volker eingeladen. Die beiden erschienen mir eigentlich sehr nett und machten auch immer einen ganz intelligenten Eindruck. Nun waren wir zum Zeitpunkt unseres Treffens aber anscheinend lange genug miteinander bekannt, sodass sich die Beiden vom Smalltalk wegwagten, hin zu einer politischen Diskussion oder zumindest dem, was sie für eine solche hielten.

Wie sich dabei herausstellte waren Ulla und Volker wohl „besorgte Bürger“, die kinderlos in einer Doppelhaushälfte mit ihren zwei Einkommen leben und vor der Tür einen schnittigen Kombi und ein Mini-Cabrio geparkt haben. Aber sie sorgen sich auf der anderen Seite nun darum, dass Rentner, Obdachlose und Kinder, also all jene, die den Beiden bisher völlig egal waren, zu kurz kommen könnten.

Warum? Natürlich wegen der Flüchtlinge, die unverschämter Weise einfach nur hier her kämen um ein besseres Leben zu haben – sowas aber auch!

In unserem Gespräch versuchte ich zunächst, mit rationalen Argumenten, Fakten und Statistiken zu überzeugen. Doch offenbar ist es um einiges leichter eingefleischte 1860 München Fans dazu zu bringen *Stern des Südens* mitzugröhlen oder sich mit einem Veganer bei McDonalds zum Essen zu verabreden als „besorgte Bürger“ mit Argumenten zu konfrontieren. Eine *Alternative für Argumente* musste her und ich wählte einen anderen Weg: Ich nutzte im Laufe des Abends regelmäßig die logische Struktur der immer wieder gesagten Phrase „ich bin ja kein Nazi, aber“ auf möglichst skurrile Weise, um ihnen die Blödsinnigkeit dieser „Argumentation“ aufzuzeigen. Eigentlich kein Wunder, dass der Abend eskalierte.

Es begann alles ganz harmlos damit, dass ich während des Essens erklärte, sehr gute Manieren zu haben und auf keinen Fall durch schlechtes Benehmen auffallen würde. Im nächsten Moment ließ ich mit Windstärke 4 schön einen fahren, rückte mir das Trio in der Hose in epischer Länge zurecht und schmatzte und rülpste gemütlich. Schuld daran sei natürlich das üppige Essen, das Ulla und Volker serviert hatten. Schließlich muss man auch mal Dampf ablassen, das muss in einem deutschen Haushalt doch noch möglich sein. Sollten sie mich dafür kritisieren, wäre das sehr unhöflich und würde nur aufzeigen, wie schlecht ihre eigenen Manieren wären…

Einige Zeit später erklärte ich Ulla, dass ich auf keinen Fall ein Sexist sei und sie niemals, wirklich niemals, nur auf ihr Äußeres reduzieren würde, aber ihre Brüste seien schon irgendwie im wahrsten Sinne des Wortes ihr hervorstechendstes Merkmal.

„Ich habe keine Ahnung, was Du für eine Augenfarbe hast", sagte ich Ulla mit verschmitztem Blick, „schließlich habe ich dir noch nie ins Gesicht geschaut." Ulla war daraufhin leicht aufgebracht und hätte mich vielleicht sogar geohrfeigt, wenn ich nicht rechtzeitig verbal eingeschritten wäre:

„Halt, Stopp! Halte inne Weib! Ich habe dir doch ausgiebig erklärt, dass ich kein Sexist bin. Wieso also behandelst du mich dennoch wie einen, nur weil ich mich total sexistisch verhalten habe? Letztendlich haben *deine* Brüste *mich* doch provoziert! Wie sie das gemacht haben fragst du, Ulla? Na wie die Flüchtlinge euch doch so sehr provozieren: Durch bloße Anwesenheit! Hast du nicht vorhin erzählt, dass, sobald sich diese Flüchtlinge erdreisten im Rudel vor deinem Haus vorbeizulaufen, du dich nicht mehr sicher fühlst? Stimmt ja auch! Warum zum Teufel laufen die nicht einfach einzeln, einer nach dem anderem an eurem Haus vorbei, frage ich mich? Was erlauben die sich denn, einfach so zu mehreren auf der Straße herumzulaufen? Da ist es ja kein Wunder, dass ihr zu besorgten Bürgern werdet. Aber um aufs Thema zurückzukommen, so geht es mir nämlich auch mit Brüsten. Ja, eine Brust allein, da bleibe ich ganz entspannt, aber sobald die zu zweit sind, da steht bei mir alles – also die Haare zu Berge und anderes auch irgendwie. Was zu viel ist, ist einfach zu viel! Dass wird man ja wohl noch sagen dürfen!"

Nun war auch Volker sehr aufgebracht und meinte, es sei unerhört ihm irgendeine Nähe zu faschistischem Gedankengut zu unterstellen – immerhin sei sein Opa 1943 im KZ gestorben.

„Das zählt nicht, Volker“, sagte ich dann, doch Volker wusste gleich zu reagieren. „Warum zählt das nicht?“, fragte er mit einem verständnislosen Gesichtsausdruck.

„Weil er bei der Weihnachtsfeier vom Wachturm gefallen ist, Volker“, erwiderte ich, „das war ein Arbeitsunfall!“

Volker meinte anschließend er sei ja ein geduldiger und toleranter Gastgeber, aber jetzt wäre es doch besser, wenn ich gehen würde. Dafür müsste ich doch Verständnis haben. Nun gut, dachte ich mir, und während ich das Silberbesteck sowie eine Digitalkamera einsteckte, versicherte ich den beiden, dass ich natürlich kein Kleptomane sei, aber wenn das Zeug hier einfach so rumliegt?

„Ich würde den Erlös ja auch spenden“, sagte ich, „für Flüchtlinge. Mich jetzt wegen dieser ehrenhaften Robin Hood-Mentalität als Dieb zu bezeichnen wäre moralisch äußerst fragwürdig, ja schon regelrecht kriminell…

Auf dem Weg zur Tür fiel mir dann ein, dass ich es ihnen so leicht auch wieder nicht machen dürfe und beschloss, mich nicht einfach so abschieben zu lassen. Damit hatten die beiden wohl nicht gerechnet.

„Aber wieso", erklärte ich ihnen, „soll ich als Deutscher denn weniger Rechte haben als ein Asylant, der vor seiner Abschiebung Protest einlegen kann? Das wäre doch total unfair, wenn die das dürften, ich als Deutscher aber nicht."

Ich trat zur Überraschung der Beiden mit sofortiger Wirkung in einen Hungerstreik. Einige Zeit später wurde ich von der Polizei hinausgetragen, aber ich drohte Ulla und Volker noch damit, dass ich schon bald zurückkommen würde. „Euer Zaun ist viel zu niedrig!", rief ich, „den müsst ihr höher bauen, sonst bringt das doch nichts!"

Erstmal habe ich jetzt aber für nächsten Montagabend eine kleine Demo vor ihrem Haus angemeldet. Ich finde, was Fackelmärsche gewaltbereiter Irrer vor der eigenen Unterkunft angeht, wurden die besorgten deutschen Bürger im Gegensatz zu den Asylbewerbern bisher leider ganz klar benachteiligt.

Ich sorge schließlich nur für Gerechtigkeit, mein Schlachtruf steht auch schon fest:

Volker, hör die Signale,
vergiss dein zu kleines Geschlecht.
Die dumpf-deutsche Nationale,
die hatte noch niemals recht.

Kai Bosch

Als Kai Bosch 1997 das Licht der Welt erblickte, dauerte es nicht lange, bis er zum ersten Mal gelacht hat. Heute spielt er Theater und reist seit November 2014 orientierungslos durch die Republik, um seine Texte auf Poetry Slam-Bühnen vorzutragen. Dabei lacht er natürlich noch immer.

Darüber hinaus hat er zwei Bücher veröffentlicht: den Comedy-Roman Laberaffe (2014, Tredition) und seine erste Textsammlung Tagträumer (2016, Lektora).

Mehr unter: www.kaibosch.de

Neujahrsvorsätze

Von Kai Bosch

FÜNF Sekunden noch, dann ist Neujahr. Sie hofft, dass im nächsten Jahr alles anders wird, alles besser wird, ihr Leben nun wirklich starten wird…

Sie wünscht sich nichts mehr, als dass sie Menschen findet, die sie mögen. Seit Jahren schon hat sie es satt, die Außenseiterin darzustellen, allein zu sein und von niemandem verstanden zu werden.

„Im neuen Jahr wird alles anders", denkt sie und nimmt sich stillschweigend vor, sich umgehend auf einer Dating-Seite anzumelden, um einen Jungen kennenzulernen. Schließlich will sie unbedingt einen finden, der zu ihr passt. Einen, dem es mit ihr auch wirklich ernst ist. Einen, der anders ist als die testosterongeschwängerten Idioten um sie herum.

Er hat Silvester entspannt verbracht und ist gut ins neue Jahr gestartet. Voller Zuversicht und Euphorie glaubt er daran, dass nun alles anders wird, alles besser wird, sein Leben nun wirklich starten wird…

Er glaubt daran, dass er sich ab jetzt pünktlich aus dem Bett quälen kann und nicht jeden Tag verschläft. Auch ist er der festen Überzeugung, dass er ab jetzt rechtzeitig losgehen wird, wenn er zur Bahn muss, um in die Stadt zu fahren – acht Minuten, bevor sie kommt. Das würde sein Leben auf jeden Fall ein wenig besser machen, schließlich müsste er nicht jedes Mal über die Gleise sprinten, um die Bahn noch zu erreichen. Wobei das nie sein größtes Problem war, schließlich hat er die Bahn meistens noch bekommen und ihm ist nie etwas geschehen. Nicht umsonst hat er einen Parkourkurs belegt und macht auch sonst den ein oder anderen verrückten Stunt. Noch mehr glaubt er daran, dass sein Außenseiterdasein im angebrochenen Jahr endlich enden wird, er Teil von etwas wird. Ein Teil einer Gruppe, Teil eines Freundeskreises und vor allem auch Teil einer Partnerschaft, ein Teil des Herzens eines anderen Menschen.

Er hat sich im neuen Jahr direkt bei dieser Datingseite angemeldet, um ein Mädchen kennenlernen zu können. Eine, die es ernst mit ihm meint, die anders ist als die ganzen hysterischen Tussen um ihn herum.

*VIER*undzwanzig Stunden nach ihrer Anmeldung sticht ihr auf der Website ein Nickname ins Auge: Parkourschienengänger. Kurzentschlossen schreibt sie ihn an. Schnell erkennt sie, dass nicht nur der Name, sondern dieser Mensch an sich und auch sein Charakter, außergewöhnlich ist.

Obwohl die beiden einige Kilometer trennen, fühlt sie sich ihm vom ersten Augenblick an unbeschreiblich nah, als ob er jetzt schon ein Teil von ihr und sie ein Teil von ihm wäre.

Lange schreiben und telefonieren die beiden miteinander und sind fast immer derselben Ansicht, reden über Sport, Politik, Liebe, Musik und Freundschaft. Sie kommen sich immer näher und auch er hat das Gefühl, als ob sie jetzt schon ein Teil von ihm und er ein Teil von ihr wäre.

Es vergehen einige Tage, dann einige Wochen. Sie fühlt sich nicht mehr alleine, er sich nicht mehr als Außenseiter, beide haben sich gesucht, gefunden, gemocht – und ja, sie haben sich vielleicht ineinander verliebt. Nur getroffen haben sie sich noch nicht, doch beide sind sich sicher, dass ihr erstes Treffen etwas ganz Besonderes, etwas Magisches haben wird.

Im Rahmen ihrer Ausbildung fährt sie auf eine Fortbildung. In der Stadt, in welcher er wohnt, steigt sie um. Darum fragt sie ihn, ob sie sich am Hauptbahnhof treffen und anschließend einen Spaziergang durch die schöne, schneeweiße Landschaft unternehmen wollen. Natürlich war er sofort begeistert und wusste bereits, dass er in der vorherigen Nacht sicherlich vor Aufregung, Spannung und Vorfreude kein Auge zu bekommen würde.

Sie spürt, dass dieses Mal alles anders laufen und dieses Date etwas Wunderbares werden wird. Bisher war sie nur versetzt worden, hatte Treffen mit Typen, die sie nur verarscht und sich über sie lustig gemacht haben. Beim letzten Treffen war ihr Date gar nicht erst erschienen und hatte sein Handy ausgeschaltet. Doch bei dem Gedanken an den kommenden Tag lächelt sie, denn sie wusste von Anfang an, dass in diesem Jahr alles anders, alles besser wird.

Die beiden hatten den Abend vorher noch lange geschrieben, die Vorfreude war beinahe greifbar gewesen. Und er, er hatte die ganze Nacht kein Auge zu bekommen, bis ihm das Handy irgendwann aus der Hand und er in den Schlaf fiel. Er träumte von ihr und weiß, dass ihm ein ganz besonderer Tag bevorsteht. Sie träumt von ihm und weiß, dass es wundervoll werden wird.

*DREI*undvierzig Minuten sind es noch, dann wird ihr Zug an seinem Bahnhof eintreffen, dreiundvierzig Minuten bis zu einer glücklichen Zeit, davon ist sie fest überzeugt.

Als er aufwacht spürt er sofort, dass etwas seltsam ist. Sein Wecker hat nicht geklingelt, er hat vergessen, den Akku seines Handys aufzuladen. Die nächste Bahn zum Hauptbahnhof fährt schon bald und er muss sich beeilen, wenn er das Mädchen seiner Träume noch erreichen und abholen will. Er duscht sich schnell, richtet seine Haare und eilt aus dem Haus, seine Augen glänzen bei dem Gedanken, sie endlich zu treffen.

*ZWEI*fel packen ihn, als er feststellt, dass ihm für den Weg zu seiner Bahn gerade noch vier Minuten bleiben, sonst hatte er wenigstens fünf gehabt. Er ärgert sich über sich selbst, dass er es trotz guter Vorsätze und einem guten Start in das neue Jahr dennoch nicht geschafft hatte, diesen Neujahrsvorsatz umzusetzen.

Er sprintet los und hört kurz vor dem Bahngleis aus weiter Ferne die Geräusche des einfahrenden Zuges. Er hat es geschafft, denkt er sich, er hat wie schon so oft kurz vor knapp den Zug noch erreicht. Schnell macht sich der Junge mit Parkourerfahrung auf, über die Gleise auf den Bahnsteig zu springen, so, wie er es immer getan hat, wenn er ein wenig zu spät dran war.

EIN Sekundenbruchteil noch, dann hat er es geschafft. Ein Schritt auf die Schienen und direkt auf den Bahnsteig, doch er strauchelt, seine Beine rutschen auf dem vereisten Untergrund nach vorn. Er fällt, sieht Scheinwerfer und denkt an sie, die er so gern treffen möchte.

Sie wartet schon fünf Minuten. „Er ist anders“, denkt sie sich. Es vergehen erst zehn, dann fünfzehn Minuten. Eine einsame Träne rollt ihr über die Wange, als sie mit zitternden Fingern seine Nummer wählt. Sein Handy ist aus.

Philipp Stroh

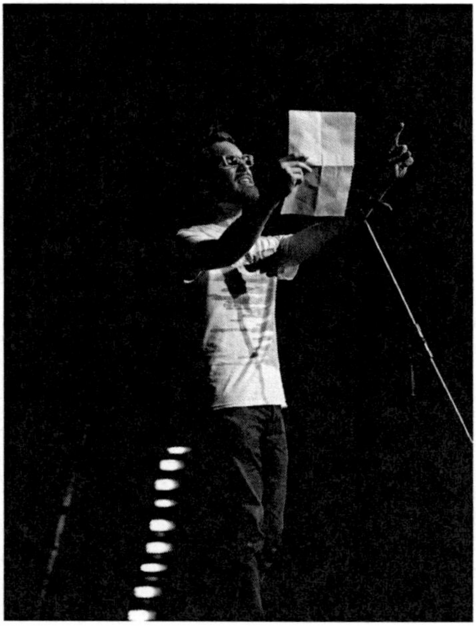

Philipp Stroh wuchs im Kreis Lörrach auf, studierte in Offenburg irgendwas mit Medien und legt sich auch sonst selten fest. Wenn er nicht gerade in einer Metalband singt oder Filmkritiken bloggt, bereist er Kleinkunstbühnen.

Seit 2015 tritt er regelmäßig als Sprachakrobat und Moderator auf. 2016 erfolgte die erste Teilnahme bei den deutschsprachigen Poetry Slam-Meisterschaften. Ob Lyrik, Prosa oder Stand-up-Comedy – Philipp Stroh ist wie eine Schachtel Pralinen.

Mehr unter: www.fb.com/strohundso

Rainer & Klaus

Von Philipp Stroh

Wenn die letzten Sonnenstrahlen
hinter Baumkronen versinken
und die ersten Leuchtreklamen
über Vorstadtstraßen blinken,
öffnen in den Gassen
alte Schänken ihre Türen,
um ausgedörrte Kehlen
mit Getränken zu verführen.

Die Älteste der Stadt
besuchen unsre Helden gerne,
„Heidruns Eichenstube“
nennt sich deren Stammtaverne.
Tabakrauch zieht blinde Bahnen,
knapp unter der Decke,
als Relikt aus alten Zeiten
thront die Jukebox in der Ecke.

Wer noch niemals in New York war
und noch niemals auf Hawaii,
strandet hier und fühlt sich wenigstens
für ein paar Stunden frei.
Doch Obacht, dieser Abend
geht nicht wie gewöhnlich aus.
Dies ist die Geschichte
von Rainer und Klaus.

Klaus und Rainer treten ein,
die Wirtin weiß Bescheid
und stellt den Kameraden
ihren Gerstensaft bereit.

Feierabend hat begonnen
und am Stammtisch Platz genommen,
tut das Duo das, was ihm gefällt.
In erster Linie trinken
und dann sieht man Klaus bald winken;
die zweite Runde wird schon mal bestellt.

Gluck, gluck, gluck, schwupps, Mitternacht
und Heidrun bringt Pils Nummer acht.
Es scheint als läuft der Abend
ganz genau wie man es wollte.
Doch dann folgt die Entdeckung,
die jäh alles ändern sollte.

„Ey!", sagt Klaus und deutet
mit dem Zeigefinger ganz diskret
nach Nordnordost, wo gerade
eine Dame an der Theke steht.
„Hasse die geseh´n?", fragt Klaus.
„Ist die schon länger da?"
Rainer senkt die Augenbrauen
und entgegnet:
„Ja."

„Hast du sie nicht erkannt?“, fragt Klaus.
„Von früher!“, während er so schaut.
Rainer guckt genauer, wird ganz bleich
und keucht: „Waltraud!“

(Rückblick)
Nur einmal hat man Klaus und Rainer
unglücklich das Herz geklaut.
Beide waren schwer verliebt
in Vollblutweib Waltraud.
Sie war ja so jung, so schön, so kühl,
sie konnte niemand haben;
nichts ließen sie unversucht
als Junggesellenknaben.
Sie kauften Blumen, warfen sich in Schale,
waren rausgeputzt;
selbst der schärfste Hüftschwung
auf dem Tanzparkett hat nichts genutzt.
Das Glück bekam ein anderer,
sie wollten ihn erwürgen;
am Ende ging die Waltraud
mit dem Schürzenjäger Jürgen.
Es ist so lange her,
doch Klaus und Rainer dachten oft an sie.
(Rückblick Ende)

Der Blickwechsel der Männer
spricht nun deutlich: „Jetzt oder nie!“

Wer als erster rübergeht
bleibt vorerst unentschieden.
Klaus erhebt sich motiviert,
Rainer meckert: „Hiergeblieben!
Du vergraulst die Dame nur
mit deinem blöden Anmachspruch!"
„Und du", antwortet Klaus,
„verjagst sie schon mit deinem Mundgeruch!"

Man zankt sich eine Weile, bis Klaus meint:
„Was willst du tun?
Wie damals um die Wette tanzen,
bis sie einen wählt?" Und nun
entsteht ein nachdenkliches Grinsen
in Rainers Gesicht.
Er ordert noch zwei Pils und fragt:
„Warum eigentlich nicht?

Oder kneifst du etwa?"
„Ich und kneifen? Pah!", sagt Klaus.
Schon steht er an der Jukebox
und sucht Rainers Lied heraus.
DANCE OFF! Jeder einmal.
Die Musikwahl hat der Kontrahent,
Rainer ist nicht mehr zu halten,
als er seinen Sound erkennt.

HOSSA! HOSSA! HOSSA!
Fiesta, Fiesta für den Rainer,

so wie er tanzt keiner, Waltraud, schau her.
Rainer spürt den bösen Rücken,
Rheuma, Gicht und andre Tücken,
doch bemüht sich sehr.
Hüftschwung, Drehung, Ausfallschritt,
Moonwalk und Karatetritt,
Rainer kann es immer noch;
so mancher Gast klatscht auch schon mit.

Klaus ist dran.
Rainer legt das Lied für ihn bereit:
In einem unbekannten Land
vor gar nicht allzu langer Zeit.
„Das kriegst du zurück“, murrt Klaus.
Vorbei sind die Romanzen,
denn für Waltraud muss er jetzt
zur Biene Maja tanzen.

Ischias, Knie und Hüftgelenken
ging es schon mal besser,
doch Klaus dreht tapfer Pirouetten
und kämpft bis aufs Messer.
Mittlerweile fiebern alle mit,
hier beim Tanzwettbewerb.
Die Eichenstube aus dem Häuschen,
alles grölt beim Biererwerb.

Gleichstand! Waltraud: ungerührt,
was nur noch mehr den Ehrgeiz schürt.

Als die Jungs sich lang anblicken,
tauschen sie ein stummes Nicken.
Die dritte Münze fällt ins Loch,
die Kameraden haben noch
ein Ärmel-Ass, denn jetzt hilft nur:
Die Dirty Dancing Sprungfigur!
´Cause I´ve had the time of my life
And I owe it all to you.

Rainer kniet am Boden,
Bierbauch-Baby Klaus kommt angeflogen.
Und es kommt, wie es kommen muss:
Es kracht, die Hose reißt und Schluss.

Die Meute: konsterniert;
die Tänzer fast schon wieder nüchtern;
man ist froh, dass Rainer wieder aufsteht
und auch spricht. Dann,
plötzlich, so ein Zufall
ist wohl lange nicht passiert.
Durch die Tür
kommt Schürzenjäger Jürgen reinspaziert.

„Rainer? Klaus? Seid ihr´s wirklich?
Das ist ja ein Ding!"
Die drei sind wie gelähmt,
Jürgens Finger ziert ein Ehering.

Die Wirtin nutzt die Chance,
um den Gast zu informieren,
während Klaus und Rainer,
grün und blau, sich noch genieren.
Klaus deutet nach Nordnordost.
„Was, die Waltraud soll das sein?“,
hört man Jürgen sagen.
„Sieht ihr ähnlich, aber nein.
Das mit uns hielt nicht sehr lang,
inzwischen ist sie emigriert,
doch Freunde,
was ist in den letzten Jahren euch passiert?“

Es gibt ein Licht, das stärker brennt
als Neid und Balz und Hass.
Auch wenn man es manchmal vergisst,
jetzt weiß man wieder was.
Altes Leid soll ruhen;
einer hat´s, der andre will´s.
Die Wirtin fragt: „Was darf´s denn sein?“
Rainer sagt: „Drei Pils.“

GAX Axel Gundlach

Unter den Slam Poeten ist GAX ein Spätberufener, zum Bühnendichterwettstreit überredet vom Zeremonienmeister seines Frankfurter Slams. Der scharfzüngige Poet ist seit 2013 mit kabarettistischen Sololesungen unterwegs und kann bereits auf ein langes Künstlerleben als schreibender, auftretender und bildender Künstler mit diversen Auszeichnungen zurückblicken.

Mit neun verschiedenen Veröffentlichungen seit 2013 hat sich GAX Axel Gundlach schon von Fachbüchern, beispielsweise über die Inszenierung von Live-Kommunikation, und humoristischen Wörterbüchern bis hin zu Poetry-Sammlungen bewegt.

Mehr unter: www.gaxaxelgundlach.de

Wanderer

Von GAX Axel Gundlach

„Niemand, der es nicht selbst erlebt hat, kann beurteilen, was es bedeutet, seine Heimat verloren zu haben!“
(aus der sächsischen Informationsschrift für Migranten)

Heimat? Was für eine Heimat? Das ist nicht mehr das Land meiner Großeltern. Als Kinder spielten wir im Sand – mit Sand! Wir hatten ja nix! Wir haben uns unser Lego aus Stöckchen geschnitzt. Und wenn ab und zu die Galaxy durch den Himmel schnitt, dann blinzelten wir in die Sonne und staunten.

Doch irgendwann waren es so viele Flugzeuge, dass unsere Eltern sagten: „Wir können hier nicht mehr bleiben!“ Wir gingen und meine Freunde blieben zurück. Das war schlimmer als Zahnwurzelbehandlung, das war Komplettentwurzelung!

Erinnerungen. Das Gefühl der Wehmut. Das Haus meiner Großeltern. Drumherum lag alles in Trümmern. Das Klo auf der halben Treppe, schlimme Zustände. Und seitdem ist es ständig schlechter geworden. Freiheit wird der Angst geopfert, Arbeitnehmerrechte werden geplündert. Das Volk zerfällt in Splittergruppen. Jeder kämpft nur noch für sich: *Dummland den Dummen!*

Das nennt man Verteilungskampf, von unten nach oben. Das ist die Scharia des Kapitalismus! Die Ernährungssituation ist eine Katastrophe. Natürliche Lebensmittel sind knapp und teuer. Alle anderen essen bei McDonalds: *pink slime!*

Die Politik ist verfahren, die Regierung zu wahr um schön zu sein! Der Ex-Staatspräsident und die Kanzlerin, alles religiöse Fanatiker aus dem Osten.

Das ist nicht mehr meine Heimat. Meine Heimat war gerecht und friedlich und die Sonne schien. Und es gab genug Sand für alle. Ich verlasse meinen Kiez, meine Straße, meinen Block. Ich werfe meine Papiere weg und mache mich zu Fuß auf in Richtung Meer. Ich beantrage Asyl in Monaco!

Mein Problem: Ich komme aus einem sicheren Erstland – sagen die!

Diese Einschätzung teile ich nicht. Ich wurde in meinem Heimatland gezielt verfolgt – vom Finanzamt! Ich passe doch also genau ins Migrantenraster des Fürstentums.

„Gut, in dem Fall", sagt die Immigrationsamtsstute, „werde ich Ihren Antrag nochmal überprüfen, das dauert etwa zwölf Monate. Nehmen Sie doch solange im Vorzimmer Platz!"

Glück gehabt! Das Vorzimmer von Monaco ist St. Tropez. Nee, doch kein Glück gehabt. Mein Strandlager wird von den Flics mit einem Bulldozer umgestaltet. Illegales Camping, keine Papiere, kein Anspruch auf Asyl. Ich verstehe aber sehr wohl die Nachricht der Sankt Trompeter: Ich muss mir ein unsicheres Drittland suchen!

Ich nehme die Balkanroute. Seit neustem gibt´s hier ja jede Menge Länder und viele sind unsicher, wenn man da mal zu Fuß durchgeht, ohne Geld für Taxis. Okay, nette Menschen gibt es überall, aber auch viele Arschlöcher – fast so viele wie in Monaco. Ich stelle fest, dass ich mich nicht merklich verbessert habe. Also doch wieder nach Norden.

In Kärnten werde ich von der Polizei aufgegriffen. Sie sagen, ich wäre ein Wirtschaftsflüchtling. Der Wirt hingegen nennt mich Zechpreller. Außerdem hasst er Flüchtlinge, weil es ihretwegen plötzlich wieder so viele Nazis im Ösiland gibt.

Auf der Wache hält man mir einen Vortrag darüber, dass doch nicht einfach jeder, dem es Zuhause nicht gefällt, irgendwohin wandern kann. Und überhaupt: „Herr Dichter, was ist denn aus dem guten alten Inneren Exil geworden?“

Ich werde abgeschoben, quasi die österreichische Lösung! Man fährt mich im Dunkeln an eine unbewachte Grenze und schickt mich mit einem „Leiwand, Oider!“ durch den Wald.

Neuer Versuch! Der Integrationspsychologe der ungarischen Polizei stellt mir Fangfragen über Gott, den er beharrlich Allah nennt. Aber hier ist nur willkommen, wer nicht an Allah glaubt. Denn Selbstmordattentate planen oder Frauen Bettlaken überwerfen – das geht mal gar nicht, da greift die „flexible Solidarität".

Nächster Versuch. Nicht weit vor der Küste unseres Kontinents liegen ein paar Inseln. Die Bewohner sind seltsam, aber lustig, sagt man. Doch das mit dem Humor ist eine zweischneidige Sache; oft dort am schwärzesten, wo es am wenigsten etwas weis zu machen gibt.

Ich verkleide mich als Hooligan und beantrage politisches Asyl. Die Dame auf dem Amt ist sehr verständnisvoll, auf der Insel hält man auch nicht viel von der Politik in meiner Heimat. Man hält aber auch nicht viel von Asyl.

Deswegen hat ja die ganze Insel auch beschlossen zu fliehen. Brexit! Oder wie die Nerds sagen: Wieder ein GB frei!

Aber wenn ich Kriegsflüchtling wäre, gäbe es vielleicht die Chance der Umsiedlung in ihre frühere Kolonie, sagt sie. Dort hätte man unbegrenzte Möglichkeiten, hat sie gehört. Sie will mir eine Brücke bauen und fragt mich: „Und? Wie war´s im Krieg?" Ich sage: „Gar nicht schön. Ständig dieser Lärm und die vielen Leute, alle kein Benehmen!"

Sie ist zufrieden mit meiner Antwort und gibt mir einen Passierschein. Bei einem Schlepper namens Lloyd bezahle ich 5.000 Pfund für die Überfahrt – so ein Kreuzfahrtschiff hätte ich mir großzügiger vorgestellt.

Wir werden auf Deck mit lauter aufgedrehten Animateuren zusammengepfercht. Nach fünf Tagen Zwangs-Zumba und Ententanz sehe ich Land. Ich meine tatsächlich: Land! Wortwörtlich! Für sinnbildlich reicht es noch nicht…

Es ist angeblich das Land der Freien. Naja, an Bord haben mir Leute erzählt, dass weiße Kaukasier wie ich hier wahllos von schwarzen Polizisten erschossen werden. Aber, puh, nochmal Glück gehabt: Es ist genau umgekehrt!

Ich beantrage politisches Asyl – mal wieder. Ich erzähle von meiner Jugend in einem grob geteilten und sehr schlecht wieder zusammengefügten Land, wie die militärische Besatzung durch eine Systemische ersetzt wurde, wie uns Gesetze aufgezwungen wurden – im Namen der Freiheit, aber es ging nur um die Freiheit des Kapitals und der Gewinne.

Die Dame vom Einwanderungsamt wirkt etwas angefasst. Ja, Amerika habe schon sehr lange ein Immigrationsproblem, auch ohne das Trampeltier. „Ja, sicher“, sage ich, „braucht man nur mal ein paar Indianer zu fragen!“

Aber immerhin: Hier gilt die „Bill of Rights“, für alle, die ihre Rechnung für die Rechte auch bezahlen können.

Gegen Hinterlegung meiner Kreditkarte erhalte ich eine Aufenthaltsgenehmigung für zwei Wochen und ein paar Adressen von Comedy-Clubs. Da soll ich mal meine Geschichte erzählen. Wäre ja witzig!

Mein Pech: Der Durchschnittslohn für ungelernte Nixkönner liegt hier bei vier Dollar und die Durchschnittsmiete beträgt 80 Dollar pro Quadratmeter. Für meine im Keller gelegene Unterkunft müsste ich also 400 Stunden pro Monat arbeiten. Zum Glück darf ich nur zwei Wochen bleiben. Und nicht arbeiten.

Ich versetze mein Zahngold, trampe nach Süden und nehme dann ein Schlauchboot auf die nächste größere Insel. Da soll noch ein letztes Paradies liegen, aber König Fröhlich ist schon vor Jahren gestorben und seine Utopie folgte ihm auf den Fuß. Zugegeben, sie hat auch nicht wirklich gut funktioniert. Deswegen kommen uns auch so viele überfüllte Schlauchboote entgegen. Menschen wie ich auf der Suche nach einem besseren Leben.

Ein endloses Spiel. Ich beschließe zu stranden. Das Ende meiner Flucht: Eine verlassene Bohrinsel. Ich bin allein auf dem Meer und habe Durst! Aber alles, was ich habe, ist eine Ölquelle und ein

Wasserhahn mit Münzeinwurf von Nestlé. Drei Delfine lachen mich aus. Ich komme mir ziemlich dumm vor. Vom Turm schaue ich in die Ferne und bekomme Heimweh. Und tiefsinnige Einsichten:

Wir fliehen, aber wir bewegen uns nicht. Als Menschheit kommen wir so nicht vom Fleck. Wir müssten innehalten, statt uns immer weiter treiben zu lassen; von denen, die uns glaubhaft erklären, dass es zwar Glück theoretisch für jeden, aber praktisch eben nicht für alle geben kann.

Glück ist quasi eine Lotterie in den Gewinnklassen: Richtiges Land, richtige Rasse und richtige Familie! „Du kannst gewinnen“, sagen die, die das Glücksspiel betreiben, „du musst dich nur richtig einsetzen! Du musst nur dein Leben einsetzen!“

Die Rückzahlungsquote beträgt unter 4%, der Rest sind Verwaltungskosten.

Aber neueste Forschungen haben ergeben: Selbst unter den krassesten Umständen setzen sich am Ende immer die Altruisten durch, denn sie bilden die stärksten Gesellschaften. Das macht doch Hoffnung, wenn man gerade nicht auf einer von allen anderen Altruisten verlassenen Bohrinsel sitzt! Und keine Münzen für den Wasserautomaten hat…

Stefan Unser

Stefan Unser aus Malsch steht seit 2010 auf der Poetry Slam-Bühne. Er ist Gastgeber des KOHI Slams in Karlsruhe, Gründer der Lesebühne „An WOrt und Stelle“ in der Badischen Landesbibliothek und hat inzwischen über 100 Slamsiege auf seinem Freudenkonto.

„Der Karlsruher Poetry Slam-Babo ist der charmanteste Menschen-Zoologe und Welterklärer, den man sich auf einer Bühne vorstellen kann. So scharfsinnig und wunderbar, dass er zurecht 2016 Baden-Württembergischer Poetry Slam Meister wurde. Zwar in Heilbronn, aber trotzdem zurecht.“

Nikita Gorbunov

Mehr unter: www.wortartig.de

Der Reisbrei kann nix dafür
oder: Wie man anderen Menschen eine Freude macht

Von Stefan Unser

Dieser Text ist all den Menschen gewidmet, die ich jeden Morgen um 7 Uhr in der Straßenbahn treffe und die, anstatt sich auf den Tag zu freuen, einfach eine Hackfresse ziehen. Und auch den Menschen, die morgens nicht in der Straßenbahn sitzen, aber trotzdem scheiße aussehen.

Es gibt Menschen, die sitzen morgens in der Bahn, schließen die Augen und tun so, als ob sie schlafen würden, damit sie diesen unschönen Anblick nicht ertragen müssen.

Unschön – das trifft es ziemlich gut. Interessanterweise definiert der Duden das Wort unschön wie folgt: *unschön | Adjektiv | gar nicht schön, recht unfreundlich, unerfreulich, hässlich*. Das passt.

So ein unerfreulich-unfreundliches Gesicht, das hat oder kriegt man nicht einfach so, das muss man sich erwollen. Da muss man etwas wollen, das man dann nicht kriegt, oder nicht genau so kriegt, wie man das jetzt gewollt hat und dann zieht man eine enttäuschte Fratze.

Das sieht dann nicht schön aus, geht nach einem Weilchen wieder vorbei. Bei Kindern dauert das manchmal nur ein paar Minuten.

Aber je älter man wird und je besser man weiß, was man wollen kann, wie man es wollen kann, wann, wo, von wem und wie oft man etwas wollen kann, desto besser klappt das mit dem unschönen Gesicht.

Das Etwas beim Etwas-Wollen. Also das, worum es wirklich geht, das ist vollkommen beliebig. Man kann sich praktisch an allem enttäuschen. Das lässt sich am besten mit einem Gleichnis erklären: „Es klingelte an Tür. Drei hungernde Menschen standen davor und wollten etwas zu essen. Man führte sie zu Tische und kredenzte ihnen eine große Schüssel mit Reisbrei. Einer freute sich und aß. Einer guckte blöd. Der dritte aber verzog enttäuscht das Gesicht und sagte: ‚Reisbrei, so ein Scheiß!' Wahrlich, wahrlich ich sage euch, der Reisbrei kann nix dafür."

Während die Schönheit einer Sache im Auge des Betrachters liegt, liegt die Unschönheit eines Gesichtsausdrucks im Kopfe des Besitzers. Fröhliche Gedanken, fröhliches Gesicht – blöde Gedanken, blödes Gesicht.

Manchmal nutzt es auch nichts, wenn man kriegt, was mal will. Wer einen Lebenspartner an seiner Seite hat, der schaut ihn bitte mal an. Diesen Menschen habt ihr auch einmal gewollt. Und gekriegt.

Trotzdem können einige ihre Enttäuschung nicht verbergen. Das vom Leben enttäuschte Gesicht ist inzwischen Normalität geworden, da könnt ihr hingucken wo ihr wollt. Überall freudlose Menschen. Man könnte sagen: „Macht ja nix.“

Mit einem freundlichen Lächeln nimmt dich heutzutage ohnehin keiner mehr ernst. Oder was denkt ihr so, wenn ihr grundlos fröhliche Menschen seht, die einfach vor sich hinlächeln? Da denkt man doch: „Hey, der nimmt doch Drogen oder hat einen Termin beim Psychiater verpasst.“

Man weiß gar nicht mehr wie man reagieren soll, wenn man fröhliche Menschen trifft. Kürzlich hat mich auf der Straße eine Frau angelächelt, richtig angelächelt. Voll ins Gesicht. Da habe ich mich aber erschrocken.

Dabei wäre es so einfach, sich selbst mal wieder zu freuen. Einfach morgens aufwachen und sagen: „Freude, ich bin erwacht. Freude, ich kann die Augen öffnen. Freude, ich kann aufstehen. Freude, ich kann gehen.“

Da hätte man sich, noch bevor man morgens Pipi macht, schon vier Mal gefreut. Stattdessen steht man auf, geht ins Bad, schaut in den Spiegel und fuck, da hat man seine erste Gesichtsenttäuschung in der Visage. Viele erholen sich von diesem Anblick den ganzen Tag nicht mehr.

Sich am Alltäglichen erfreuen, an dem, was man den ganzen Tag so tut, das ist die Lösung. Und wer das nicht schafft, dem helfe ich dabei!

Ich fahre abends oft mit unserem alten Fiat Panda noch raus auf die Autobahn und hänge mich an einen LKW. Dort warte ich dann auf einen Audi-Fahrer. Sobald ich ein potentes Audi-Auto im Rückspiegel sehe, lasse es auf fünfzig Meter herankommen und ziehe rüber auf die linke Spur. Während der Audi-Fahrer mit weit geöffneten Augen und einem Schuss Adrenalin voll in die Bremsen steigt, nehme ich Kontakt zu ihm auf. Also mit Gesten deuten und Lippen lesen über den Rückspiegel.

Ich rufe: „Sei gegrüßt, du Eiliger der Autobahn", während er so etwas sagt wie: „Geh mir aus dem Weg, du Idiot!"

Dann antworte ich: „Seit Stunden überholst du andere und nicht einmal hast du dich dabei gefreut. Ich bringe dir die Freude. Es ist ganz einfach. Freu dich und ich lass dich vorbei."

Er sagt: „Ok, dann freu ich mich halt und jetzt geh weg da!"

„Wenn du dich wirklich freust", sage ich, „dann gib mir ein Zeichen und blinke." Und er blinkt.

„Und Hupe und Lichthupe", sage ich. Und er hupt und lichthupt wie wild.

„Und brüll deine Freude heraus und drisch aufs Lenkrad!“, rufe ich. Und er brüllt und drischt und brüllt und drischt.

Und jetzt alles zusammen: Blinken, hupen, brüllen, dreschen, blinken, hupen, blinken… Wie ein ekstatisches Rumpelstilzchen auf Speed mit rotierenden Armen und hochrotem Kopf zieht er kurz darauf an mir vorbei, während ich vor dem LKW einschere. Er geht ab wie Luzie und freut sich wie Bolle. „Freude!“, rufe ich ihm noch nach, „Freude, ist das nicht schön?“

Einmal, da ist so ein Audi-Fahrer vor lauter Freude auf einen Brückenpfeiler geknallt. Für einen Moment hat mich das sehr traurig gemacht. Aber dann dachte ich: Hey, bevor der mit Lenkrad und Airbag im Arm mit Zweihundert durch die Windschutzscheibe in den Audi-Himmel aufgefahren ist, da hab ich gemacht, dass der sich noch mal so richtig doll freut.

Anna Teufel

Anna Teufel (Jahrgang 1994) ist gebürtige Schwäbin und ausgebildete Strahlenschutzingenieurin. Seit ihrem Abschluss im Oktober 2017 ist sie weitestgehend erfolglos auf der Suche nach Berufsalternativen. Sie freut sich daher immer über Berufsvorschläge und Anregungen.

Sie boxt, jagt, strickt und schläft gerne. Ab und zu schreibt sie Texte und liest sie für Freibier auf Bühnen vor. Meistens schreibt sie über Menschen und deren Geschichten, weil Menschen und deren Perspektiven sehr spannend sind.

Mehr unter: www.fb.com/inderhoelle

Zwei Würfel

Von Anna Teufel

Die blonde Frau erzählt mir, dass ich heute um elf Uhr Besuch bekomme. Ich kenne den Namen, weiß aber kein Gesicht mehr dazu. Sie ist jeden Tag da, diese blonde Frau. Glaube ich zumindest. Ich weiß nicht genau, ob sie gestern da war, aber ich habe sie auf jeden Fall schon öfters gesehen.

Ich schaue mich im Wohnzimmer um. Der Fernseher läuft. Es kommt eine Quizshow und die richtige Antwort ist Lissabon, das weiß ich genau.

Weiter hinten am Tisch sitzt ein Herr mit einem pinken Pullover. Ich winke der blonden Frau zu und verkünde, dass dieser Herr in pink heute früh seinen Tisch umwerfen wollte. Eine Glasflasche ist dabei kaputt gegangen. Als es so laut geklirrt hat, bin ich ganz schön erschrocken; Annerose auch. Sie ist dann aufgestanden, wollte nachsehen, was passiert ist und ist dabei in den Scherbenhaufen getreten. Zum Glück hatte sie Schuhe an. Meine Güte, das hätte ganz böse schief gehen können.

Annerose sitzt am großen Tisch weiter hinten. Sie sagt, sie sehe dann den Fernseher besser. Ich sitze am kleinen Tisch ganz vorn, weil ich da ganz nah am Fenster sitze. Das mag ich, weil da riecht es gut und ich höre die Geräusche von draußen.

Ich mag die Vögel. Ich mag die sehr gern.

Die blonde Frau sagt, dass es jetzt fast elf Uhr ist und mein Besuch bald kommen müsste. Ich werde nervös, weil ich mich nicht richtig an einen Besuch erinnern kann. Der Besuch wolle Mensch ärgere dich nicht mit mir spielen. Ich freue mich. Ich mag Mensch ärgere dich nicht.

Ich schaue mich um. Der Herr in pink dreht seinen Kopf von links nach rechts und stülpt seine Lippen vor und zurück. Er widert mich an, er spricht nicht, er stöhnt nur rum. Ich winke der blonden Frau und verkünde, dass dieser Herr in pink heute früh seinen Tisch umwerfen wollte und dabei eine Glasflasche zerbrochen hat. Annerose ist dann in den Scherbenhaufen getreten. Zum Glück hatte sie Schuhe an, sonst wäre das echt böse ausgegangen.

Eine kleine Frau mit dunklen Haaren betritt das Wohnzimmer. Ich kenne sie nicht, aber sie schaut mich an und lächelt. Sie ist offensichtlich höflich. Ich lächle zurück. Dann kommt sie zu mir und fragt, ob ich Mensch ärgere dich nicht mit ihr spielen möchte.

Das ist dann wohl mein Besuch. Ich verkünde, dass ich mit zwei Würfeln spielen will.

Die Fremde geht an einen Schrank und holt das Spiel heraus. Ich habe keine Ahnung, woher sie weiß, dass das Spiel da drinnen ist. Ich verkünde, dass ich in Blau spielen will, weil ich immer in Blau spiele. Die Fremde spielt in Grün. Sie gewinnt die erste Runde.

Jedes Mal muss ich sie daran erinnern, dass sie nach einer Sechs nochmal würfeln darf. Sie vergisst das ständig und ich frage mich, warum. Die Regel ist so einfach. Wenn man eine Sechs würfelt, dann würfelt man halt noch einmal.

Hin und wieder hört man den Herrn in pink rumstöhnen. Ich bin genervt und erzähle der Fremden, dass dieser Herr in pink heute früh seinen Tisch umwerfen wollte und dabei eine Glasflasche runtergefallen und kaputtgegangen ist. Annerose ist dann in den Scherbenhaufen getreten, aber zum Glück mit Schuhen, sonst hätte sie sich noch verletzt. Sie hat echt Glück gehabt.

Wir spielen noch eine Runde. Die Fremde schaut mich hin und wieder mit ihren großen Rehaugen an, als würde sie irgendwas von mir erwarten. Ich weiß nicht, was sie von mir erwartet. Ich kenne sie nicht. Ich finde sie aber nett. Sie redet nicht viel, aber sie spielt mit mir und das freut mich.

Die Fremde würfelt eine Sechs. Ich muss sie schon wieder daran erinnern, dass sie nochmal würfeln darf. Sie lächelt mich an und würfelt mit einem bisschen zu viel Schwung. Ich sehe es genau. Sie öffnet die Hand, der Würfel trifft die Tischplatte, rollt über das Spielbrett, stößt zwei grüne Figuren um, stößt eine blaue Figur um und fällt vom Tisch.

Ich schaue sie an. Sie schaut betreten zurück. Ihre Rehaugen zucken. Ich kenne dieses Zucken.

Ich weiß… ich weiß… nichts.
Sie entschuldigt sich. „Das macht doch nichts“, sage ich.

Wir bücken uns gleichzeitig nach dem Würfel. Er liegt zwischen dem Tischbein und meinem rechten Fuß. Ich muss zuerst meinen Stuhl ein Stück zurückschieben, damit ich rankomme. Der Würfel ist blau. Ich strecke mich danach und berühre ihn fast, da kommt die Hand der Fremden dazwischen. Ich berühre sie und auf einmal weht ein ganz leichter Geruch zu mir herüber.

Ich rieche sie. Ich rieche alles. Ich rieche Blumen, Meer und Schnee. Und den Himmel. Ich rieche Bettwäsche und frisches Kaugummi. Ich rieche Gras und Tulpen und Spaghetti. Ich rieche Zuhause – und Hüpfgummi – und Kernseife – und Zigarrenrauch – und Holzscheite – und Mottenkugeln – und Honigkuchen – und alles andere auch.

Es ist da. Ich schaue meine Enkelin Sarah an und sehe das Glück in ihrem Gesicht. Ich sehe, wie alt sie geworden ist. Ich weiß noch genau, wie sie als Kind aussah…

Dieselben Augen und derselbe Mund wie meine Tochter. Ihre Grübchen werden tiefer, als sie lächelt. Ich fasse ihre Hand unter dem Tisch.

Ich liebe sie. Ich weiß, dass ich sie liebe und sie liebt mich auch! Sie strahlt und richtet sich auf.

Ich sehe sie vor mir, wie sie als Kind herumlief, rannte, wieder zu mir kam, ein Bonbon haben wollte… und Glück. Und ihr Duft. Ich sehe einen Lolli und ein Pflaster, ich sehe ein Messer und ein Brot. Ich weiß, dass sie Grießbrei zum Frühstück liebt, mit Pflaumenkompott und mit Zimt und ich weiß, dass sie Paprika hasst und von meinem früheren Parfüm einmal gespuckt hat. Und… und… ich weiß es, ich erinnere mich. Ich sehe es, ich weiß es, ich spüre es und halte es fest. Es ist da. Ich weiß es, ich kann das, ich weiß, ich halt. Ich… *Stopp.*

Die Fremde schaut mich traurig an. Ich weiß nicht, warum sie traurig ist, aber ich möchte nicht, dass sie weint. Ich mag Tränen nicht so gern. Ich biete ihr ein Taschentuch an. Sie mag es nicht haben und wischt sich die Tränen mit den Fingern ab. Ich frage sie, ob sie irgendwas anderes braucht und sie sagt nein. Ich frage sie, ob wir zu Ende spielen sollen. Sie schaut auf das Spielbrett und auf die umgestürzten Figuren und sagt, dass sie nicht weiß, wie sie vorher standen. Ich weiß es auch nicht mehr. Ich weiß allgemein nicht mehr so viel. Aber ich erinnere mich. In meinem Bauch kribbelt es irgendwie. Ich weiß nicht warum, aber ich habe unfassbar gute Laune bekommen. Die Fremde darf ruhig wiederkommen. Ich mag dieses Bauchkribbeln.

Richard König

Richard König, geboren 1995, lebt und studiert in Tübingen. Neben seinem Studium der Rhetorik und Soziologie widmet er sich vermehrt dem Schreiben eigener, meist lyrischer Texte.

Seit einigen Jahren tritt er erfolgreich auf Poetry Slams, Lesebühnen und Comedy-Events in ganz Deutschland auf. Als einer der besten baden-württembergischen Newcomer 2017 konnte er alleine im Laufe seines ersten Bühnenjahres auf über 50 Poetry Slams und andere Veranstaltungen zurückblicken, die er mit seinen Texten und seiner sympathischen Art bereicherte.

Mehr unter: www.fb.com/richardkoenigslam

Zu viele Köche

Von Richard König

Da ist eine Sache, die weiß von mir eigentlich keiner
und zwar die Geschichte über meine zwei heimlichen Begleiter.
Es ist nämlich so, ich bin niemals wirklich allein,
durch meinen Kopf rennen auf kleinen Beinen,
zwei Männchen, die fühlen sich dort oben daheim.

In meinem Kopf unter meinen lockigen Haaren,
leben sie schon seit meinen Anfangsjahren.
Hinter meiner Stirn,
in meinem Gehirn,
um da oben zu schalten, zu walten
und den Laden am Laufen zu halten.

Es gibt nur leider ein Problem mit den Beiden,
die zwei können sich nicht sonderlich gut leiden
und würden es am liebsten gänzlich vermeiden,
jemals gemeinsam im gleichen Raum zu verweilen.

Leider geht das ja nicht und aufgrund dessen,
tun sie sich stattdessen,
häufig wie besessen,
gegenseitig in den Wahnsinn treiben und streiten,
um den wärmsten Platz an meinem inneren Feuer,
um den Posten als Kapitän am Gedankensteuer.

Denn beide Männchen wollen die alleinige Leitung,
halten nichts von Gewaltenteilung
und sind einfach niemals derselben Meinung.
Sie kommen nie auf einen Nenner,
das eine Männchen ist eher Erfolgsmensch, das
andere ist eher so Penner.

Das eine eher Draufgänger,
das andere mehr so Traumfänger.
Das eine Jäger,
das andere Sammler.
Das eine Sprinter,
das andere Gammler.

Das eine Männchen säuft immer Kaffee mit
Red Bull und tritt voll aufs Gas,
das andere trinkt eher Tee und raucht lieber Gras.
Dieses Männchen ist meistens entspannt und re-
laxt, das andere hingegen nur ständig gehetzt
und immer pausenlos im Stress.

Das Männchen will immer höher, schneller, weiter,
größer, schöner, breiter
und auf allen Wegen durchs Leben
immer nur Vollgas geben.
Dabei ist es ihm egal, wenn die Ampel einmal rot
ist und es brüllt mir ins Ohr: „Schlafen kannst du,
wenn du tot bist!“

Dieses Männchen will immer an die Spitze aller Nahrungsketten
und erzwingt Leistung im Notfall mit Tabletten.
Es sagt: „Lass sie zurück die Armen und Fetten
und geh mir bloß weg mit deinem Erde retten,
wenn dann doch lieber Pferdewetten.“

Das Männchen verlangt stets Stift und Papier,
es ist immer durchstrukturiert
und höchst konzentriert
auf das nächste Ziel fokussiert.
Hat alles schon zehn Mal durchdacht,
alle Pläne schon im Voraus gemacht.

Und so geht es ohne Scheitern immer heiter weiter
auf der eigenen Karriereleiter.
Und dieses Männchen sagt dann oft zu mir:
„Hey du, du hast dich genug regeneriert.
Du brauchst immer mehr
und ich weiß es ist schwer und oft nicht fair.

Aber egal,
denn so ist das nun mal.
Also hör auf an allen Ecken und Enden,
deine Zeit zu verschwenden,
mit dummen Witzen und Scherzen.
Fortschritt tut manchmal weh, man nennt es
schließlich auch Wachstumsschmerzen.“

Das andre Männchen als absolutes Gegenteil davon
sagte mir mit ruhiger Stimme häufig schon:
„Hey mein Freund, kein Grund zu streiten,
du weißt ja, mein Motto ist Zuhause bleiben,
Stress vermeiden, Yoga treiben,
ab und an Gedichte schreiben.

Außerdem solltest du endlich mal begreifen,
Dinge brauchen nunmal Zeit zum Reifen,
also lass deine Pflichten ruhig ein wenig schleifen.
Fordere Erfolg bitte nur in kleinen Scheiben,
du solltest nicht nach den Sternen greifen,
oder eine zu große Wellen reiten."

Das Männchen will niemandem den Tag versauen
und ihm reicht schon das aus dem Fenster schauen.
Nach zwei Sätzen dieses Männchens in leisem Ton,
da merke ich immer schon,
sein bester Freund ist und bleibt die Prokrastination.

Und so sagt es nach einem kühlen Bier
manchmal zu mir:
„Alter, du hast nur das eine Leben,
warum solltest du jemals hundert Prozent geben?
Das kostet doch viel zu viel Kraft,
Apfelsaftschorle schmeckt doch auch gut mit nur
fünfzig Prozent Saft.

Warum sich selbst bis zur Perfektion hetzen,
alles auf eine Karte zu setzen,
hat ja wohl noch keinem genutzt.
Geh es entspannt an, gut gelüftet ist halb geputzt.
Also denk nicht dauernd so groß,
steck deine Ziele lieber klein.

Bedenke: Auch langsamer Tropfen höhlt den Stein,
also bleib am besten für immer daheim.“
Und genau so ist das immer,
manchmal besser, manchmal schlimmer,
wenn ich von beiden Männchen vollgelabert werd´,
denn ich krieg sie nie aus dem Kopf ausgesperrt.

Ich werde von den beiden mal gelobt, mal beleidigt
und manchmal voller Schadenfreude ausgelacht.
Genau damit haben Sie mir auch schon viele Momente im Leben kaputt gemacht.
Wenn ich mich zum Beispiel aus dem Haus entferne
und dabei zufällig ein nettes Mädchen kennenlerne.

Dann hoffe ich immer, ich mache nichts verkehrt.
Und wenn ich es dann wage
und das Mädchen nach ihrem Namen frage
und ziemlich verzagt,
während mein Herz für einen Schlag versagt,
zu ihr sag,
dass ich sie wirklich gerne mag.

Dann blickt sie mich augenblicklich an,
mit einem Blick der nur mir gelten kann.
Sie meint darauf, sie mag mich auch,
und ich spüre sofort die Schmetterlinge im Bauch,
aber die zwei nervigen Männchen in meinem Kopf
brechen sofort in Panik aus.

Das eine Männchen, ziemlich verpeilt,
fühlt sich für diese Veränderung nicht bereit, während es mir lang und breit ins Ohr schreit:
„Alter, nein! Vergiss nicht unsere Freiheit."
Das andere Männchen jedoch grinst breit
und hat schon Stift und Papier bereit.

Es plant schon bis ins kleinste Detail,
in aller Ausführlichkeit
unsere Zukunft zu zweit
und tauft in Gedanken unseren Sohn schon Mike.
Beide Männchen wollen das Steuerrad ergreifen,
um ihren ganz eigenen Plan durchzupeitschen.
Sie fangen an sich im Streit zu umkreisen
und gegenseitig mit harten Dingen zu beschmeißen.

Und ab hier sah es nicht mehr gut für mich aus
und ich brachte kaum ein Wort mehr heraus.
Denn wegen der Gedankenschlacht,
in voller Pracht,
in meinem Hirn,
konnte ich keinen Gedanken mehr zu Ende führ´n.

Denn ich stand zwar neben ihr,
doch ich stand auch neben mir.
Ich konnte mich nicht mehr konzentrieren
und stotterte peinlichen Schwachsinn in mein Bier.
Und mein Fazit: Das Leben ist manchmal schwer,
doch jetzt weiß ich es wieder einmal mehr:

Zu viele Köche verderben den Brei,
aber trotzdem schicke ich den zwei,
kleinen Männchen in meinem Kopf,
an meinem Gedankentopf,
meine Grüße vorbei,
denn dank ihnen bin ich wenigstens niemals allein.

Marvin Suckut

Seine Karriere als Autor begann der 1989 geborene Marvin Suckut mit dem Sieg der baden-württembergischen u20 Meisterschaften im Poetry Slam 2009. Seitdem kann er auf über 800 Auftritte bei Poetry Slams, Lesungen und weiteren Kulturveranstaltungen zurückblicken.

Rund um die Region Konstanz, wo er lebt und arbeitet, organisiert und moderiert er diverse Literaturveranstaltungen. 2012 veröffentliche er sein erstes eigenes Buch „Ich kann ja sonst nichts." Marvin Suckut wurde 2013 und 2014 BW-Vizemeister im Poetry Slam und 2016 Finalist der deutschsprachigen Meisterschaft.

Mehr unter: www.marvinsuckut.de

Tabea

Von Marvin Suckut

Liebe Tabea, du hast mich gebeten, dir einen Text zum Geburtstag zu schreiben und ich werde dir diesen Wunsch natürlich mit Freude erfüllen. Es sei an dieser Stelle festzuhalten, dass die als „Wunsch“ formulierte Bitte eher als Aufforderung zu verstehen ist und ich diese Aufforderung als eine Aufgabe betrachte, über mich selbst hinauszuwachsen. Es sei auch festzuhalten, dass, wenn ich sage, dass ich dir diesen Wunsch mit Freude erfülle, damit sagen will, dass ich diese als „Wunsch“ formulierte Aufforderung widerwillig annehme.

Du hast Glück, Tabea, einen erfolgreichen Autoren als Freund zu haben, der sich dieser Aufgabe gewachsen sieht. Nun würde mich aber doch folgendes interessieren: Angenommen, du hättest einen Freund, der Klempner ist, würdest du ihn auch bitten, dir zum Geburtstag deine Toilette zu reparieren? Oder hast du vielleicht eine wischwütige Putzkraft in deinem Freundeskreis, welche dir liebend gerne zu deinem Jahrestag einmal die Wohnung schrubbt? Unentgeltlich versteht sich, Tabea! Denn wer nimmt schon Geld von Freunden an? Natürlich kann man sagen, es ist ein Privileg, seine für den Beruf notwendigen Fertigkeiten auch im Privatleben einsetzen zu können. Aber glaubst du, eine Prostituierte hat nach Feierabend Lust auf Sex?

Natürlich ist es einleuchtend, dass es von Vorteil ist, Elektriker zu sein, um Zuhause mögliche Kosten zu sparen. Das ist witzig, weil: „Elektriker… und…einleuchtend“, verstehst du, Tabea?

Dennoch mag ich zu bezweifeln, dass ein Elektriker nach Hause kommt und sich denkt: „Mensch, jetzt so eine richtig geile Glühbirne im Bad anbringen, da habe ich aber Bock drauf.“ Unwahrscheinlich, liebe Tabea. Warum sollte man etwas umsonst tun, wenn man eigentlich dafür bezahlt werden kann?

Der Joker aus Batman hat einmal gesagt: „Wenn du etwas gut kannst, mache es niemals umsonst.“ Und da gehe ich voll mit. Gut, ich bin auch ein guter Liebhaber und lasse mich nicht für Sex bezahlen, aber ich bereue es jeden Tag!

Aber das ist nicht der Punkt. Der Punkt ist das Kriterium der Freundschaft. Freundschaft ist nicht nur ein Privileg, sondern auch eine Bürde. Eine Aufgabe, der man durch Zwischenmenschlichkeit und Bauchpinselei gerecht werden muss. Freundschaft ist ein Vorwand dafür, Dinge für Menschen zu tun, die man sonst nicht tun würde.

Aber Freundschaft zahlt mir leider nicht die Miete. Freundschaft macht nicht satt. Freundschaft ist streng genommen auch nur ein notwendiges Übel zwischenmenschlichen Kontakt zu pflegen.

Es gibt sehr wenig Menschen, die ich mag und für die ich etwas tun würde, worauf ich zum einen keine Lust habe und zum anderen darin keinen Mehrwert für mich erkenne. Und dass du diese Zeilen hier gerade liest sollte dir bewusst machen, dass du eine dieser Personen bist. Oder mir ist gerade einfach sehr, sehr langweilig. Wer weiß das schon?

Aus ökonomischer Sicht ist Freundschaft ein unangebrachtes Mittel für Preisdumping. Freundschaft ist der erste Schritt zur Vernichtung der Marktwirtschaft. Denken wir doch mal weiter, liebe Tabea. Wo beginnt Freundschaft und wo hört Freundschaft auf? Wenn du mich bitten würdest, dir einen Text zu schreiben, dann kommt in zwei Tagen die nächste Person und möchte auch einen solchen von mir haben. Und dann die Nächste, weil alle Menschen auf einmal meine Freunde sind. Freundschaft muss doch etwas sein, das auf Gegenseitigkeit beruht und gepflegt werden muss. Gerade dieses Pflegen einer Freundschaft bedarf Arbeit, wo wir gleich wieder beim Thema sind, Tabea.

Wenn Freundschaft die Basis ist, die durch Arbeit gepflegt werden muss, ist der Lohn nur noch mehr Freundschaft. Das ist doch scheiße, Tabea! Ein Teufelskreis.

Ähnlich wie wenn ich zur Bank gehe um Geld zu kaufen. Das macht keinen Sinn! Da habe ich am Ende genau die gleiche Scheiße, aber was es mich eigentlich gekostet hat ist Zeit! Es ist also nicht nur so, dass ich nichts verdiene, ich zahle auch noch drauf. Denn Zeit ist ja bekanntlich Geld und mir ist mehr Zeit mehr wert als weniger Zeit.

Und komm mir jetzt bloß nicht mit dem Argument: „Aber dir macht das doch Spaß."

Halt dein Maul, Tabea! Natürlich macht es mir Spaß, aber betrachten wir es doch mal von einer anderen Perspektive:

Salvador Dali hatte einen Pool, den er mit Seeigeln ausgelegt hat, damit niemand darin laufen kann. Ein Pool sei schließlich zum Schwimmen da – that`s the spirit! Dali hätte sich sicherlich keinen Pool kaufen können, wenn er die ganze Zeit Bilder für Freunde oder nur so zum Spaß gemalt hätte. Dabei will ich gar nicht wissen, was 1000 Seeigel kosten…

Du, liebe Tabea, bist der Grund, warum ich keinen Pool habe. In was für einer Welt würden wir leben, wenn man für etwas bezahlt werden würde, nur weil es einem Spaß macht? Ich würde den ganzen Tag schlafen, vögeln, essen und dabei reich werden. Ich könnte das alles sogar gleichzeitig. Mein Gott, hätte ich effizient „Spaß".

Dass mir meine Arbeit zusätzlich wirklich Spaß macht, ist ein Luxus, das gebe ich zu, aber nur weil ich Kunst mache, ist das doch nicht weniger wert als eine andere Dienstleistung, oder Tabea?

Kunst ist ein Gut, mit dem man genauso handeln kann wie mit anderen Dingen auch. Tausche einen Picasso gegen zwei Kamele und vier Äpfel und du wirst sehen, das war nicht der klügste Deal deines Lebens.

Wenn ich es aber schaffe, mir einen halben Liter Farbe auf den Penis zu leeren, dann damit vor einer Leinwand beginne herumzuhelikoptern, das entstandene Werk für ein halbes Pfund Hack und 100g „Gut&Günstig-Frischkäse" einzutauschen, bin ich echt ein krasser Typ. Der Wert von Kunst ist also relativ, Tabea. Den Wert bestimmst aber nicht du! Ob ich für das Peniskopterbild auch zwei Kamele und vier Äpfel bekomme ist unwahrscheinlich, keine Frage. Oftmals steigt der Wert eines Werkes erst mit dem Tod des Künstlers.

Willst du, dass ich sterbe, Tabea? Ist es das, was du willst? Meine Werke umsonst bekommen, mich sterben lassen und die Texte dann teuer weiterverkaufen? Das Ende scheint unausweichlich zu sein, oder ist es so, dass du es allein für die Kunst tust, Tabea? Du Empathiegenie!

Man sagt: „Der Erfolg gibt einem Recht." Vor allem gibt er mir das Recht, mich für das, was ich tue, bezahlen zu lassen. Und wenn die Bezahlung Kamele und Äpfel sind, fuck it, das wäre ok. Ich meine, wie geil ist so ein scheiß Kamel bitte? Und wenn die Bezahlung darin besteht, dich als Freundin zu haben, dann ist das fürs Erste aber auch ok.

Elias Raatz

Der 1997 geborene Slam Poet, Autor und Veranstalter Elias Raatz begann früh, sich mit dem Schreiben von Kurzgeschichten, Gedichten und Poetry Slam Texten zu beschäftigen. Neben vielen humorvollen Erzählungen beschäftigt er sich oftmals mit den Problemen im eigenen Leben, Zukunftsangst sowie dem aktuellen Zeitgeschehen und versucht, seine Meinungen und Gefühle in seinen Geschichten zum Ausdruck zu bringen.

Über sich selbst sagt er: „Wenn man sich selbst nicht zu ernst nimmt, tun das die anderen auch nicht. Und was gibt es Schöneres, als immer lächelnd angestrahlt zu werden?“

Mehr unter: www.elias-raatz.de

Zukunft. Glück. Karriere.

Von Elias Raatz

Zukunft. Glück. Karriere. Was bedeuten diese elementaren Punkte für mein Leben?

Welch eine „gütige Gabe“, die von der höheren Macht geschenkt, dass wir Menschen nicht alle von Natur aus wir selbst sein können. Stets in einer Unendlichkeit der ewigen Fragen nach dem Sinn und der Ewigkeit verfolgt, dramatisieren wir unser sinnfreies Leben und spielen Menschen, die wir eigentlich nicht sind.

Jede freie Sekunde denke ich über mich nach. Womit mache ich Karriere? Für was in meinem Leben lohnt es sich zu kämpfen? Was bringt mir die Zukunft? Wann bin ich glücklich?

Sie treiben uns zusammen. Einen nach dem Anderen. Bereit für die Sache zu kämpfen, für meine Zukunft ins Gefecht zu gehen, ging ich heute Morgen. Und jetzt bin ich hier. Renne. Keuche. Von allen Seiten kommen sie, brennen das Haus Gottes nieder. Eingepfercht. Niemand sagte mir, dass es so eng werden würde. Die Anderen schreien und suchen nach ihren Kindern. Mir war nie eine Familie zugeteilt worden. Ich schreie auch und überlege, ob ich rennen soll, weg, davon. Die Soldaten brüllen, Frauen weinen. Irgendeiner schreit Befehle. Ich höre es nicht, folge der Masse.

Sie treiben uns in eine Richtung, immer weiter den staubigen Weg entlang. Ich möchte rauchen. Soldaten drücken von hinten. Ich hasse es, keinen Platz zu haben. Es wird noch enger, ich mag keinen Körperkontakt. Ich denke an sie und ob sie stolz auf mich sein wird, wenn ich ihr mein Erlebnis hier erzähle. Den Schritt zu wagen und hier zu stehen, zu gehen, gedrückt zu werden. In zerrissenen Lumpen, mehrmals im Dreck gelegen.

Sie gönnen uns keine Pause und treiben uns in Richtung des Lagers. Es ist immer noch eng. Ich laufe vorne, werde wohl von jedem gesehen werden. Vielleicht ein wichtiger Schritt für mich. Zu sehen sein, gesehen zu werden. Der Hagere mit tiefschwarzen Haaren vor mir betet laut. Ich liebe ihn, Sophia auch. Wir haben ihn oft gesehen. Der Kommandeur der Truppe dreht sich um, bleibt stehen und schaut dem hageren Schwarzhaarigen tief in die Augen. Seine Fäuste hinterlassen ein blutiges Gesicht. „Gefällt dir das, Judenschwein?“, brüllt er und spuckt ihm ins Gesicht.

Es ist ruhig, nur das leise Plätschern des nahen Baches vermischt sich mit dem Keuchen der Männer und dem Weinen der Frauen.

Wir erreichen das Lager und kommen zum Stehen. Soldaten rennen zum Tor des engen Betonbaus und befehlen uns hinein zu gehen. Es sieht dunkel aus und mir graut es, mit den ganzen Menschen durch das enge Tor zu müssen. Fleisch an Fleisch gedrängt. Die Tore quietschen, knallen, sind verschlossen.

Es ist dunkel. Ich frage mich, ob ich nachher noch rauchen könnte und drücke meinen Nachbarn weg, der immer näher an mich heran gedrückt wird.

Der Rabbi der Gemeinde versucht mit den Verängstigten zu reden, zu beten. Auch der blutende Schwarzhaarige steht auf. Er beginnt damit, eine Stelle zu rezitieren. Sie stammt aus dem Tanach, ein Gebet, das Schma Jisrael. Zuerst leise, mehr und mehr steigen ein, ich habe es extra lernen müssen.

Ich denke an Sophia, was sie wohl von dem Gebet halten würde. Sophia hat römisch-katholische Theologie und Philosophie studiert, sie kennt sich bestimmt aus, ich werde es einmal ansprechen. Später, wenn das alles hier vorbei ist. Das hier muss eine Wendung bringen, für mich, für mein Leben, für Sophia. Wir haben uns oft gestritten, sie sagt, wenn ich träume, muss ich auch kämpfen. Wenn man nicht für seine Zukunft kämpft, kann man es lassen. Eleanor Roosevelt hat gesagt: „Die Zukunft gehört denen, die an die Wahrhaftigkeit Ihrer Träume glauben“. Aber man darf nicht nur glauben, man muss dafür kämpfen.

Sie haben aufgehört zu beten und es kehrt Ruhe ein. Ich kann das auch, mich hinstellen und reden.

So schwer sieht es doch gar nicht aus. Aber Sophia hatte Recht indem sie sagte, ich solle erst einmal klein anfangen und Erfahrungen sammeln.

Die Gedanken kreisen mal wieder und ich schweife ab. Der Schwarzhaarige hat erneut das Wort ergriffen und predigt von seinem Jahwe. Ich versuche, nicht mehr hin zu hören. Er redet von Zukunft, von Morgen und dem Tag nach Morgen und dem Tag nach dem Tag nach Morgen.

Morgen. Ein ganz normaler Donnerstag. Was ist Morgen? Was bringt mir ein Morgen? Manchmal denke ich darüber nach, wie es wäre, einfach nicht mehr aufzuwachen. Nicht mehr zu existieren.

Sophia sagt, dass das Leben erst mit dem Tod beginnt. Deswegen, so sagt sie mir immer, würden sich auch so viele Menschen das Leben nehmen. Tabletten, die Kugel, ein Strick, ertrinken. Wie mein Körper aussehen würde? Tauchen würde ich, tauchen in die unendlichen Weiten der Tiefe. Mit einer Brille und einem Sauerstoffgerät. Tiefer, immer tiefer und irgendwann würde ich einen Tiefenrausch erleiden und mir langsam der Sauerstoff ausgehen. Nichts mehr spüren, nur noch glücklich sein. Kein oben und kein unten mehr erkennen. Ersticken. Nicht qualvoll – wundervoll im Rausch der Tiefe. Mein Körper, leblos auf dem Wasser treibend. Kalt.

Alle um mich herum jubeln. Ich juble mit. Trotzdem kann man die Angst spüren. Der Gestank von Schweiß, der auf den Boden tropft, vermischt sich mit der roten Suppe, die aus den Verwundeten fließt. Der Jubel hat sich gelegt. Wie man an einem solchen Ort jubeln kann – unrealistisch, aber trotzdem scheint es stattzufinden. Glaube als Hoffnung, die Hoffnung auf ein erfülltes Leben. Sophia hat mir einmal erzählt, dass die Hoffnung der Regenbogen über den herabstürzenden jähen Bach des Lebens sei. Nietzsche habe das gesagt. Ich glaube es nicht. Wer nur dasteht und hofft, wird nichts erreichen. Um Ziele zu erreichen muss man arbeiten, sie fokussieren und sein Leben diesen Zielen widmen. Mit harter Arbeit und Fleiß kann alles erreicht werden und wir starten hoch hinaus, machen Karriere.

Neben mir weint ein kleines Kind, ich sehne mich nach einer Dusche und meinen Zigaretten.

Bald wird Tumult ausbrechen. Die Panik steigt, als wir Schüsse hören. Irgendeiner brüllt aus der Masse. Ich hätte es sein können, scheine mich hierfür allerdings nicht qualifiziert zu haben. Nur hier sitzen, stehen, gaffen. Einer unter Vielen. Einer aus einer ganzen Gruppe, großen Masse. Stets dasselbe Spiel, tagtäglich: Etwas nicht können, versteckt in der Masse bleiben. Sophia sagt, es sei ein Akt der Unmöglichkeit alles können zu wollen, dennoch müssen wir uns von der Masse abspalten.

Immer mehr Schreie hallen durch den Betonklotz. Ich schreie auch, gleiche mich der Masse an.

„Todesangst löst eine Lawine aus, die alles unter sich begräbt." Irgendwer muss das einmal gesagt haben, der Satz steht in Sophias Handbuch. Ich liebe sie. Sophia liebt Theologie, Philosophie und Kunst. Sie versucht oft, die elementaren Fragen des Lebens zu beantworten. Ich kann sie nicht beantworten. Sie aber auch nicht. Sophia bezieht ihr Wissen von Menschen, die es ihrer Meinung nach geschafft haben, meist sind sie tot. Dichter, Denker, Theologen, Philosophen.

„Tu stets das, was du zu tun fürchtest." Ralph Waldo Emerson habe das gesagt, sie hat es mir als Hilfe mit auf den Weg gegeben.

Draußen fallen wieder Schüsse, Schreie sind zu hören. Jetzt geht alles sehr schnell. Tumult bricht aus, Menschen rennen zu den Wänden, schlagen und treten gegen das Tor. Frauen kauern sich mit ihren Kindern auf dem Boden zusammen. Ich werde von allen Seiten in andere Richtungen geschoben. Hoffentlich kann ich bald rauchen, raus aus der Enge. Ich werde verrückt.

Ich frage mich, wo jetzt die erste Reihe wäre und entscheide mich dafür, auch zu schreien. Besser, als allein und verlassen im Raum zu stehen. Niemand hier ist alleine. Ich bin alleine.

Draußen wieder Schüsse, ich bilde mir ein, den Schwarzhaarigen laut rufen zu hören, verstehe nicht jedes Wort. Schreit er überhaupt, ich sehe ihn nicht mehr, bin Teil der Masse, die ihn verschluckt hat. Irgendwer schreit etwas von Zukunft. Ich bin abgelenkt, höre nicht mehr richtig hin. Schreie neben, vor und hinter mir. Mein Kopf wird platzen, ich höre nichts mehr. In meinem Kopf ist es still. Zukunft…

Was kann einem eine Zukunft bringen, wenn das Fundament des eigenen Lebens mit den falschen Steinen erbaut wurde? Ich werde wohl heute Nacht wieder nicht schlafen können, mich vor Sorgen plagen. Zukunft ist die Chance, alles besser zu machen, sage ich mir immer, nachdem mich Sophia darauf gebracht hat. „Die Zukunft hat viele Namen: Für Schwache ist sie das Unerreichbare, für die Furchtsamen das Unbekannte, für die Mutigen die Chance." Victor Hugo hat das gesagt, erzählte mir Sophia einmal.

Ich habe doch noch die Möglichkeit, alles zu ändern, oder ist meine Zukunft eher das Unerreichbare oder das Unbekannte? Das unerreichbare Unbekannte? Ich weiß es nicht. Ich weiß nur, dass es heute klappen muss. Jetzt! Hier!

Die riesige Doppeltür wird aufgestoßen. Frauen kreischen, Soldaten rennen. Sie treiben uns hinaus. Panik. Es ist wieder eng. Wir werden gehetzt, gedrängt, geschlagen. Sie stellen uns in mehreren

Reihen vor dem Zaun auf, Soldaten bewachen uns von allen Seiten. Es ist laut, überall kreischen die Frauen und Kinder, auch Männer weinen. Von rechts, von links kommen sie und werden an mich gepresst. Ich stoße sie weg, fahre meine Ellenbogen aus. Ich mag es nicht.

Der Schwarzhaarige von vorhin steht isoliert, wirft gehetzte Blicke umher. Es wird stiller. „Wir haben keine Angst, Gott sieht uns, Gott ist mit …"

Weiter kommt er nicht. Drei Soldaten schlagen ihn nieder und dreschen auf ihn ein. Auf Befehl des Kommandeurs zerren sie ihn auf die Knie. Ich halte mich wieder in der ersten Reihe, will sehen, was passieren wird, wobei uns der Ausgang schon erklärt wurde. „Wo ist dein Gott, Judensau?"

Der Kommandeur richtet seine Pistole auf den Kopf des Schwarzhaarigen, der entkräftet gen Boden hängt. „Sind dir die Worte vergangen?", schreit er ihn an. Ich denke an Sophia und dass es ihr hier gefallen hätte. Sehnsucht plagt mich nach meinen Marlboro. Der Schwarzhaarige richtet sich auf und sieht dem Oberkommandeur tief in die Augen. Aus dem Lauf der 38er löst sich ein Schuss. Zu früh! „Mein Fehler! Das Ding ging einfach los."

„Cut!", schreit der Regisseur.

Sophia sagt immer, dass die Chancen nicht schlecht stehen, direkt am Set entdeckt zu werden.

Ich muss nach vorne schauen und hoffen, dass die Zukunft Gutes bringt. Denn die Zukunft ist nun mal die Zukunft, die Vergangenheit unwichtig.

Doch was bringt dieser Film? Nur in die Vergangenheit zu sehen, wo sich doch eigentlich heute nicht viel verändert hat. Irgendwo auf der Welt werden Menschen wegen ihres Glaubens, ihres Aussehens, Ihrer sexuellen Orientierung oder sonstigen Dingen verfolgt, eingesperrt und getötet. Menschen, die nur ein friedliches Leben führen wollen und an ähnliche Dinge wie ich denken. Zukunft. Glück. Vielleicht auch Karriere. Plötzlich kommen mir meine eigenen Probleme und Sorgen ganz klein vor.

Doch eine Sache haben viele dieser Menschen, die ich mehr und mehr verloren habe: Hoffnung. Und wir haben die Möglichkeit, die Hoffnung dieser Menschen auf ein lebenswertes Leben hier in Deutschland wahr zu machen.

Ernst Ferstl, so hat mir Sophia neulich erzählt, habe gesagt: „Wir Menschen schulden einander nichts – außer Menschlichkeit." Ich liebe Sophia, weil sie es schafft, immer genau das Richtige zu sagen.

„Alles auf Anfang, Szene 12!", brüllt der Regisseur. Bald ist Mittag, hoffentlich gibt es für Statisten wenigstens ein gutes Mittagessen.

Einfach so
(Ansgar Hufnagel & Cäcilia Bosch)

Das Bühnenduo „Einfach so“ setzt sich aus der Schauspielerin Cäcilia Bosch und dem Bühnenpoet Ansgar Hufnagel zusammen. Seit Juni 2017 sind sie regelmäßig als Duo in der Poetry Slam-Szene unterwegs. Mittlerweile spielen sie vor allem ihr abendfüllendes Bühnenprogramm aus Kabarett, Musik und Poetry und bringen ihre Vielfalt mit Herzblut, Witz und Tiefgang auf die Bretter von Kleinkunst- und Theaterbühnen.

Mehr unter: www.einfachsoeinfach.de

Das Land der wilden Worte

Von „Einfach so"

Kaum das Licht der Welt erblickt,
die Mutter sie zum Nachbarn schickt.
Im dunklen Keller lagert dieser
tonnenweise alte Bücher.
Bei Kerzenlicht, umschwirrt von Faltern,
beginnt die Kleine dort zu altern.
So lernt sie Sagen, Märchen, Mythen
und all die Schätze zu behüten,
welche ihren Geist erfrischen.
Alsbald greift sie auch zur Feder, schreibt hernieder ohne Ziel,
kennt das Handwerk und die Sprache, doch gelingen will nicht viel.
Da fällt ein Buch ihr in die Hände,
bedeckt mit einer Schicht von Staub,
ihr langes Suchen hat ein Ende,
als eine Stimme zu ihr raunt:

„Inspiration fand ich im Land der wilden Worte.
Dies ist einer jener Orte,
die nicht leicht zu finden sind,
drum pass gut auf mein kleines Kind.
Übers Letternmeer musst du zuerst, doch gibt es keine Fähre,
nimm ein DIN A4-Blatt mit, um es zu überqueren.

Weiterkommen ist schon möglich, viele haben´s
nicht geschafft.
Für die meisten war es tödlich, von Leerzeichen
dahingerafft.
Johann-Wolfgang – hat es geschafft.
Rainer-Maria – hat es geschafft.
Donna Leon – hat es nicht geschafft.
Erreichst du das Land der wilden Worte, so wirst
du Wunderwerke schaffen
und alles was bisher gedruckt, wird neben deiner
Schrift verblassen.“

Nach dieser Nachricht springt sie auf,
packt ihre Siebensachen,
läuft sofort aus der Stadt heraus, die Chance beim
Schopf zu packen.
Immer schön der Nase nach bis zum Letternmeer,
nur um dort zu merken – für das Blatt ist sie zu
schwer.
So singt sie seufzend sanfte Silben voll Sehnsucht,
Abenteuerdrang,
in der Ferne hört sie leise wilder Worte wüsten
Klang.

Ein Murmeln, Rascheln, Wispern, Fluchen,
Raunen, Schimpfen, Knistern, Rufen.
Ein Sturm schwingt sich zum Himmel auf,
sie schaut was sich zusammenbraut.
Es donnert, hagelt, blitzt und kracht,

der Tag verwandelt sich zur Nacht.
Doch sie vertraut dem Rat des Alten,
der kennt sich aus in dem Gebiet,
beginnt das Blatt zum Boot zu falten,
wird vom Wind gepackt und fliegt.

Am Strand erschrickt sie vor der Größe
von den Felsen die dort stehen,
doch sie gibt sich keine Blöße,
denn sie will ja weiter gehen.
Schritt für Schritt bemerkt sie dann, die Felsen werden kleiner,
Stück für Stück sacken sie zusammen und es liegt nur noch ein Stein da.
Sie hebt ihn auf und dreht ihn langsam mehrmals in der Hand,
da entdeckt sie eingeritzte Zeichen und entziffert ganz gebannt:

Wilde Worte musst du finden,
diese dann im Reim verbinden,
als entspannte Aphorismen und sie im Gedicht verdichten.
Dein Talent musst du beweisen,
bestehst du, darfst du weiterreisen.

Sie ist voller Tatendrang,
folgt wahllos einer Richtung,
sie wandert einen Pfad entlang
bis zu einer Lichtung.

Der schmale Pfad verschwindet in einem Gestrüpp, sie zuckt zusammen, dreht sich um, als etwas zu ihr spricht:

„Ich bin es, der Gott der Worte,
ich bin der Herrscher dieses Ortes.
Bleib besser, wo du sicher bist,
im Wörterwald, da bist du´s nicht.
Doch willst du wirklich zu mir her
und Dichter werden? – Bitte sehr!"

Er schwingt ein Verb so wie ein Beil,
sie duckt sich und es saust vorbei.
Dann spricht er einen Fluch und schreit:
„Himmelarsch und Wolkenbruch, fahr zur Hölle,
Donnerlittchen!
Ich bin hier der Gott der Worte und packe dich
gleich am Schlafittchen!"

Aus ihrer Tasche fischt sie schnell Feder
und auch Tinte,
schreibt in die Luft ein großes STOPP
– und der Spuk verschwindet.

Nach einem kurzen, raschen Marsch, steht
sie vor einem Tor.
Da denkt sie an den Stein und holt ihr Gedicht
hervor:

Himmel, Sonne, Mond und Sterne,
hab´ ich wirklich sehr, sehr gerne,
und wenn sie vom Himmel fallen,
sie dann auf die Erde knallen.

Geduldig wartet sie nun ab, dann öffnet sich die Pforte,
endlich hat sie es geschafft, sie betritt das Land der wilden Worte.

Wo Kommata am Wegrand wuchern,
Fragezeichen stehen am Ufer.
Der Sprachfluss wird zum Sprachverfall und speist so einen Tümpel,
wo Schimpfwörter und Anglizismen im trüben Wasser dümpeln.
Kaum setzt sie den ersten Fuß auf hoffnungsfrohen Boden,
entdeckt sie wilde Worte wie sie klettern, raufen, toben.
Johann-Wolfgang mittendrin, dahinten ist Marc-Uwe,
sie hört schon wie der Name Kling-t, dann küsst sie die Muse.

Geistesblitze schlagen ein, es rattern die Synapsen,
Ideen müssen ganz schnell raus, da sie sonst noch platzen.
Die Muse ist omnipräsent, mit allen hier im Bunde,
nun ist sie endlich auch ein Teil der Dichter der Schwafelrunde.

Luis Schulz

Luis Schulz wurde 1998 in Heilbronn geboren und hat schon in jungen Jahren ausversehen an einem Poetry Slam-Workshop teilgenommen. Heute ist er in gesamten süddeutschen Raum als Poet aktiv und konnte im Jahr 2016 die baden-württembergischen u20-Meisterschaften im Poetry Slam für sich entscheiden.

Der passionierte Storyteller schreibt gerne über alltägliche Dinge und Erlebnisse, die er gekonnt überspitzt und humoristisch zum Besten gibt, beispielsweise folgenden Text über seine Freundin beim Einkaufen. Luis Schulz ist inzwischen Single.

Mehr unter: www.fb.com/luisschulzpoetry

Des Freundins neue Kleider

Von Luis Schulz

Einkaufszentrum, Erdgeschoss.

Wir betreten den Starbucks. Ich gehe eigentlich nie zu Starbucks, ebenso gut könnte ich mir einen Instantkaffee machen und dabei lachend zehn Euro verbrennen. Meine Freundin bestellt kurz vor mir: „Ich hätte gerne einen Moccacino-Vanilla-Strawberry flavored mit Sahne und Chocolatetopping, venti."

Ganz ehrlich muss ich gestehen, dass ich kein Wort verstanden habe. Die Verkäuferin anscheinend schon, Sachen gibt´s. Ich bin an der Reihe: „Ich hätte gerne einen Kaffee."

Verständnislos blickt mich die Verkäuferin an. „Sie müssen sich etwas von der Tafel über mir aussuchen", sagt sie. „Ich hätte gerne einen Kaffee, mit Milch und Zucker", erwidere ich.

Ihre Augen blitzen zwischen mir und meiner Freundin hin und her: „Haha, der war gut! Aber mal im Ernst, verarschen kann ich mich auch selber".

Ich nehme also einen Blaubeermuffin und hole mir beim gerade neueröffneten SNIPES ein kostenloses Red Bull – das scheint derzeit in Deutschland der neuste Schrei zu sein: Energiedrinks zur Neueröffnung, muss man nicht verstehen…

Danach gehen wir zum DM, meine Freundin trifft eine ihrer Freundinnen, kreischend umarmen sie sich.

„Ich gehe kurz mit ihr was schauen, kannst du solange das Haarzeugs für mich holen?", fragt sie mich und verschwindet, bevor ich antworten und damit einige nötige Fragen stellen kann.

Also gehe ich zum Regal mit der Aufschrift „Haarpflege". Ratlos stehe ich vor *Oilrepairconditioner-frizzeasetraumlockenspray-gottobeantifrizzlotion-Dailyoilelexier-Clearlynakedvolumeshampoo-Farbglanzfructiswonderoilcare*. Ich stelle mich vors Regal und warte auf meine Freundin.

„Wo bleibst du denn?", sagt sie und kommt angelaufen. „Sorry", sage ich, „ich konnte mich nicht entscheiden ob du Blond, Glossyblond, More Glossyblond oder even more blond Glossyblond Shampoo brauchst", erwidere ich.

Sie verdreht die Augen: „Komm, ich mach!" Anschließend nimmt sie eine Flasche, öffnet diese und riecht daran. „Riecht das gut?", fragt sie. „Geht", antworte ich. „Und das?", fragt sie, nachdem sie ein anderes Shampoo aus dem Regal gezogen hat. „Besser", antworte ich. Sie schaut beide Shampooflaschen mit kritischem Blick an.

„Das da habe ich aber schon", sagt sie. „Dann nimm das andere", erwidere ich.

Sie schaut mich mit strafendem Blick an und sagt: „Das riecht aber nicht so gut, du hättest sagen sollen, das andere riecht gut." Ich schaue betreten auf den Boden. „Tut´s aber nicht", murmle ich.

Sie stellt die beiden Flaschen zurück und kauft gar kein Shampoo. Ihre Freundin steht vor dem Make-up Regal und schminkt sich mit verschiedenen Testern. Ich glaube, sie wohnt hier…

Einkaufszentrum, 1. Stock

Wir schlendern an den unterschiedlichen Schaufenstern vorbei. „Oh, schau mal, wie süß!", quietscht meine Freundin. „Hmmm", antworte ich und starre weiter wie gebannt auf die Liveübertragung der Bundesliga. Ich setze mich auf die Bank vor dem Fernseher. „Willst du jetzt ernsthaft 90 Minuten hier sitzen und das doofe Spiel schauen?", motzt meine Freundin.

„Nein", antworte ich, „es sind nur noch 20 Minuten, die anderen 70 waren wir im DM."

Auf einmal wird der Bildschirm schwarz. Traurig stehe ich auf und gehe. Im Augenwinkel sehe ich, wie meine Freundin einem Sky-Mitarbeiter zehn Euro zusteckt. Das ich kein Fußball gucken kann, war ihr also sogar einen ganzen Kaffee bei Starbucks wert…

Einkaufszentrum, 2. Stock

Nach einem kurzen Gespräch über die wegen meiner Freundin verpassten restlichen 20 Minuten des Spiels wird schnell klar, dass alles meine Schuld ist und ich diese doch bitte sofort hier eingestehen solle. Ganz sicher, was ich gemacht haben sollte, bin ich mir nicht, schließlich hat ja wohl sie… – auch egal. Um weiteren Konflikten aus dem Weg zu gehen, lade ich sie auf ein Eis ein, sicher ist sicher.

Als wir uns noch ein kostenloses Red Bull bei SNIPES holen, sehe ich, wie ein Junge stolpert und sein Red Bull über ein T-Shirt schüttet. Er muss es kaufen, satte 60 Euro…

„Perfide Verkaufsstrategie“, denke ich mir, laufe vorsichtig mit meiner geöffneten Dose an den 200 Euro-Jeans vorbei und verlasse den Laden.

Meine Freundin will zu H&M. „Hier, halt mal“, sagt sie und hängt mir acht T-Shirts über den rechten Arm. „Das auch“, fügt sie hinzu, während sie mir vier Pullover über den linken Arm hängt.

Kurze Zeit später folgen noch vier Jeans, Leggings und ein Schal, bei dem ich mir nicht sicher bin, ob es sich wirklich um einen Schal oder eher um eine Decke, einen Teppich oder gar eine antike Toga handelt…

Eine junge Frau kommt auf mich zu und fängt an, mich zu drehen, um sich die Sachen genauer anschauen zu können. Sie nimmt ein T-Shirt von meinem linken Arm. „Gibt´s das auch in S?“, fragt sie. „Linker Ringfinger“, antworte ich.

Eine Mitarbeiterin kommt, räumt ein paar Teile ab und fängt an, die neue Kollektion einzuräumen. Circa 40 Minuten später erscheint meine Freundin mit ein paar völlig anderen Sachen. „Hab alles“, sagt sie. Ich räume die T-Shirts zu den Hosen und die Hosen zu den T-Shirts und folge ihr zur Kasse.

Wir holen uns noch ein kostenloses Red Bull bei SNIPES.

Wieder Zuhause mache ich mir einen Instantkaffee und verbrenne zehn Euro.

Philipp Multhaupt

Philipp Multhaupt wurde 1989 in Detmold geboren und ist seit 2011 als Slam Poet in der baden-württembergischen und überregionalen Slamszene aktiv. Er studierte englische Literatur an der Universität Tübingen und lebt heute in Freiburg.

Neben seinem Engagement auf Kleinkunstbühnen erschien im Jahr 2014 seine eigene Kurzgeschichtensammlung „Herrn Murmelsams Fieberträume" im Periplaneta-Verlag. 2016 debütierte er als Romanautor mit seinem Buch „Über die Erhabenheit toter Katzen und das Umwerben trauriger Mädchen".

Mehr unter: www.philippmulthaupt.wordpress.com

Liste wahlloser Erinnerungen, in deren Licht es eigentlich eine ziemlich blöde Idee wäre sich umzubringen, weil man weiß ja nicht, was man dann alles verpasst.

Von Philipp Multhaupt

Ein verrückter alter Mann ist auf dem Marktplatz herumgetanzt und hat gesungen: „Mein neuer Frühlingshut steht mir so gut", dabei hatte er nur eine alte, verblichene Baseballkappe auf. Damals ging ich noch zur Schule. Ich hatte eine Freistunde und habe überlegt, wie ich das Mädchen aus dem Französischkurs ansprechen soll. Das ist lange her.

*****

In den interessanteren Abschnitten meiner Schulzeit habe ich mich wie die meisten Menschen hässlich gefühlt. An schlechten Tagen habe ich überlegt, ob ich mich umbringen soll. Ich habe mich aber meistens dagegen entschieden, weil ich damals Pickel hatte und mir vorstellen musste, wie sie mich finden würden, mit diesen ausgedrückten roten Pickelflecken im totenbleichen Gesicht und wie sie sich darüber lustig machen. Eigentlich wollte ich doch eine schöne, tragische Leiche sein. Also habe ich lieber Zahnpasta auf die kritischen Stellen geschmiert, obwohl ich wusste, dass sie nicht hilft, und bin ins

Bett gegangen. Die Zahnpasta war beruhigend kühl und hat trotzdem ein bisschen gebrannt, wie Jodsalbe oder dieses Gel gegen Mückenstiche.

*****

Einmal bin ich eine lange Straße entlanggegangen und vor mir ging eine kleine Frau, der wuchs eine riesige Topfpflanze aus dem Rucksack. Diese Topfpflanze hat anmutig geschwankt und gewackelt, im Takt zu Bob Dylans *Ballad of a Thin Man*, weil ich Stöpsel im Ohr hatte. Wir sind beide bis zum Ende der Straße hintereinander hergegangen und in verschiedene Richtungen abgebogen.

*****

Bei irgendeinem Familienfest lief *Tea for Two* irgendwo im Hintergrund. Mein Bruder und ich waren Kinder und gelangweilt. Also habe ich eine Geschichte zu dem Lied erfunden, in der ein Mann eine schöne Frau sieht, die er so umwerfend findet, dass er beim Versuch, auf sie zuzugehen und mit ihr zu sprechen, ständig hinfällt. Mein Bruder hat gelacht und gesagt: „Ich sehe das in meinem Kopf, wie der hinfällt", und ich war stolz, weil ich machen konnte, dass jemand Bilder in seinem Kopf sieht, die gar nicht da sind.

*****

Die Süditalienerin in der Restaurantküche, in der ich arbeite, hat einmal lange über ihren Mann geschimpft. Dann hat sie gesagt: „Aber auch wann meine Mann make Störunge, ich liebe, weil ich kenne schon lange.“

*****

An einem Abend im ersten Semester hatte ich gerade einen Korb von dem Mädchen im Bus gekriegt. Als ich nach Hause gekommen bin, habe ich die Frauen verflucht und einen großen Topf Nudeln mit Brokkoli, Currysoße, alter Banane und Dosenananas gekocht. Dazu eine Tasse Pfefferminztee, weil ich damals noch keinen Alkohol brauchte. Pfefferminztee hatte ich im Haus, weil das Mädchen im Bus erzählt hatte, sie trinke gern Pfefferminztee. Dann habe ich am offenen Fenster gesessen und eine alte Komödie über Frauen und Männer gesehen. Auf der Fensterbank stand der Tee und hat in der Winterluft der sternenklaren Nacht gedampft. Das Mädchen hatte schiefe Zähne, aber das fand ich schön.

*****

Meinen ersten Kuss hatte ich in einer Buchhandlung, direkt auf der Treppe, die zur Krimiabteilung hinaufführte. Ich schwöre, dass das die Wahrheit ist, und wenn es mir jemand nicht glaubt, dann ist es mir auch egal.

*****

Es war Sommer und das Fuchsmädchen und ich hatten geschwitzt, lagen nebeneinander und wussten nicht, wo unsere Socken gelandet waren und wo der ganze Rest, aber das war nicht schlimm. Das Zimmer war abgedunkelt, es muss fünf Uhr nachmittags gewesen sein und dass sie schön war wusste ich, ohne den Kopf zu drehen. Sie war so schön, dass ich mich selbst schön gefühlt habe. Ich war glücklich und habe an nichts gedacht. Die Decke war „sehr weiß und ungeheuer oben", wie die Wolke in dem Brechtgedicht. Eigentlich wollte ich ihr das Brechtgedicht aufsagen, aber dann habe ich gemerkt, dass ich es nicht auswendig konnte und mich ein bisschen über mich selbst geärgert, weil ich mich mit dem Brechtgedicht im Kopf noch schöner gefühlt hätte. Aber das ging ganz schnell vorbei, dieses sich Ärgern. Der Nachmittag auch.

*****

In den letzten Sommerferien meiner Schulzeit bin ich einmal früh aufgestanden, um den Sonnenaufgang zu sehen. Ich bin mit dem Fahrrad auf einen

Hügel gefahren, weil ich dachte, von jedem Hügel müsste man einen guten Blick auf den Sonnenaufgang haben. Von diesem Hügel hatte man keinen. Aber stolz war ich trotzdem. Ich war zurück, bevor im Haus jemand wach war. Beim Mittagessen habe ich erzählt, ich hätte den Sonnenaufgang gesehen. Ich glaube, es gab Gemüseauflauf.

*****

Es war Frühling und der Slam war vorbei, als ich mit einer Gruppe Menschen durch die Stadt gezogen bin. Die meisten kannte ich noch nicht lange und die wenigsten beim Namen. An einer Straßenecke haben sich alle hingesetzt und irgendjemand hat sich in Pose geworfen und ein ziemlich schlechtes Gedicht vorgelesen, aber es hat sich trotzdem wie eine große Sache angefühlt. Das war so ein Moment, von dem man weiß, dass man sich später an ihn erinnern wird, den man eigentlich in dem Moment, in dem er Gegenwart ist, schon als Erinnerung wahrnimmt. Später waren wir in irgendeiner Wohnung und haben Schnaps getrunken. Ein Mädchen hatte ihr Knie an meinem und ich dachte, heute Nacht passiert noch was Verrücktes. Es ist dann gar nichts Verrücktes passiert. Am nächsten Morgen bin ich aufgewacht und hatte einen wichtigen Termin verschlafen, und jemand hatte etwas auf meine Hand geschrieben, aber ich verrate nicht, was es war.

Julia Szymik

Im Sauerland ist Julia Szymik mit Theaterbackground aufgewachsen, hat Kleinkunst für sich entdeckt und ist 2016 durch Zufall auf die Poetry Slam-Bühne gestolpert und hat sie dann nie wieder verlassen. So oder so ähnlich lässt sich ihr Werdegang zusammenfassen.

Mittlerweile nahm Julia Szymik erfolgreich an den deutschsprachigen Poetry Slam-Meisterschaften teil und erreichte das Finale der hessischen Landesmeisterschaft 2018, welche sie gemeinsam mit Slam-Ikone Lars Ruppel ausrichtete.

Mehr unter: facebook.com/szymikschreibt

Baustellenabgrundplanken

Von Julia Szymik

Wenn Leute sagen, sie seien nicht gut in „leben“, meinen sie, dass sie sich erst zu viele Nudeln für die bestimmte Menge an Soße kochen, dann zu viel Soße für den kleinen Rest an Nudeln und diesen Teufelskreis zu verlassen, das schaffen sie nicht ohne Hilfe. Eventuell ist dann irgendwann das Studium vorbei und sie haben fünf Jahre lang ausschließlich Nudeln gegessen. *Das* meine ich nicht.

Ich meine, dass mein Studium daraus besteht, mir Schokoriegel zwischen meine Uni-Texte zu legen, um mich zu motivieren, sie durchzuarbeiten. Aber dann schlafe ich ein, die Schokolade schmilzt, die Unterlagen sind danach nicht mehr lesbar und ich kann aus Versehen nicht mehr lernen. Zwei Tage vor der Klausur kratze ich die Schokolade vom Text und fühle mich erwachsen, weil ich nur ganz kurz aus Verzweiflung geweint habe.

Dann platzt mir mein Fahrradreifen und ich muss Bus fahren. Ich hasse es, wenn mich fremde Menschen in Bussen berühren und ich hasse es, wenn ich aus fremden Kopfhörern Tim Bendzko mithören muss. Und dann bekomme ich eine SMS von meinem Ex-Freund: „Okay. Behalt mein Herz, aber bitte, gib mir meinen Schlaf zurück!“

Kurz möchte ich irgendwem auf die roten Adidas-Sneaker kotzen. Der Soundtrack meines Lebens ist jetzt also ein bisschen blecherner Tim Bendzko, gemischt mit dem maschinellen Ticken, das hier alle ausstrahlen. Dieses Ticken, das bedeutet, funktionieren zu müssen. Ich ticke aus, weil all dieses Ticken mir nicht mehr schmeckt, es ist bitter geworden mit der Zeit. Aus dem fremden Kopfhörer höre ich nur noch: *„Fuck you. Fuck you very, very much!"*

Ich steige aus dem Bus, mein mürrischer Blick schmeckt wie Ouzo: schon scheiße, aber irgendwie auch ein kleines bisschen okay. Und dann denke ich an das Gefühl, wenn Kinderhände Hunde fassen und Sonne warme Zungen schickt. An: „Ja ich weiß, das sollten wir besser lassen!", und daran, wie es schmeckt, wenn man am Sommer leckt. Wasser, das Haare stetig heller färbt und Nächte, denen der Tag gehört. Boden, der klebt, die Kugel, die dreht, Eiswürfel, die klappern, Massen, die schnattern. Und plötzlich ist alles, als würde ich über eine Baustellenabgrundplanke laufen – alles schwingt ein bisschen mehr.

Ich komme in Schwung, ich laufe, schwungvoll und dann ist Abend. Ich gehe Tanzen, schwungvoll, zu Swing, zu Elektroswing, zu Elektro – und ich kann nicht tanzen, aber es rinnt mir bitter den Rachen hinab und deswegen ist es mir irgendwann egal und ich tanze und alles ist so, als würde ich über eine Baustellenabgrundplanke laufen. Als würde ich auf einer Baustellenabgrundplanke tanzen, ganz kurz vor dem Abgrund. Aber alles schwingt und mein Herz hüpft und will den Abgrund vergessen und deswegen macht es das einfach – freches kleines Ding.

Am nächsten Morgen schmeckt wieder alles nach Rost, nach Zeit und nach Knochen. Es ist wie schwimmen, aber nicht die gute Art – wie schwimmen in Salzsäure. Ich nehme dieses Gefühl, ich zünde es an und mein Radio fragt: „Ist das dein Leben?", und ich antworte mit Kraftklub: *Ja. Ja, das ist mein Leben, mein Leben hat Probleme aber möchte das nicht einsehen, es ist ständig besoffen, dauernd schlecht gelaunt, erst schlagen, dann reden – mein Leben ist auf Stress aus.*

Erst schlagen, dann reden. Erst schlagen, dann reden. Erst Druck, dann Freiheit. Erst schlagen, erst schlagen. Und dann geht es zu Bruch, mit einem leisen Klirren, das Trommelfelle hätte zerschneiden können: Erst das Gefühl von Freiheit, dann der Mittelhandknochen, dann der Knöchel, dann das Schmerzempfinden. Blutschlieren auf weißen Kopfkissen strahlen eine absurde Schönheit aus. Ich fand Schneewittchen immer scheiße, aber jetzt verstehe ich es ein bisschen mehr – rot und weiß sind schön.

Der Schnaps zieht noch blinzelnd seine Kreise, bis er frühstücken geht. Ich lasse ihn seinen Kater frühstücken und gehe raus. Es schmeckt nach

Sonne und riecht nach Popmusik – Ach so, nein... Das ist das Giesinger-Konzert da vorne um die Ecke.

Meine Mutter ruft mich an und erzählt mir von einer frechen Einladungskarte, auf der steht: „Mit 60 kann man immer noch sein wie mit 40, aber nur noch eine halbe Stunde am Tag!"

Ich grinse müde und denke: „Aha, das ist also dieses erwachsen werden." Beschissener Humor. Ich schiebe mir ein Schokobon in den Mund und es schmeckt mir nicht mehr. Mir kommen glückliche Giesinger-Konzert-Besucherinnen entgegen und sie riechen nach Bibi´s-Beauty-Palace-Shampoo und ein bisschen nach schalem Becks. Ich komme nach Hause und es warten Abrechnungen und Arzttermine und die Wäsche, die der Konjunktiv schneller gewaschen hätte als ich. „Aha", denke ich, „das ist also dieses erwachsen werden..."

Und das Radio fragt: „Ist das dein Leben?" Leider muss ich sagen: „Ja, das ist mein Leben. Es ist langweilig, aber möchte das nicht einsehen. Es tanzt meistens zu wenig. Und wenn, dann hat es Muskelkater davon, an Stellen, an denen es nie Muskelkater haben wollte."

Aber ich darf auf Bühnen stehen. Und es gibt Menschen, die mich ansehen und festhalten, ganz fest, ohne zu fragen, so lange, bis alles ein kleines bisschen mehr okay ist. Meine Mutter schickt mir weiterhin peinliche Einladungskarten, auf die sie einen „LOL“-Sticker geklebt hat. Den hat sie vorher extra gekauft, es ist alles sehr großartig.

Jedes Mal, wenn einer meiner Freunde seine Sachen einsammelt, sage ich: „Hey, du hast da was vergessen! Da hinten!“ Und wenn sie nichts finden sage ich: „Da ganz hinten in der Ecke, da liegt noch dein Rest Würde!“ Dann tun sie immer noch so, als wäre das lustig.

Und ja, leider gibt es immer noch Fernsehsendungen, in denen Heidi Klum sagt: „Die war ganz toll! Die konnte auch super laufen!“ Aber manchmal, wenn verrauchter Rostgeschmack mich nicht loslässt und ich morgens nach Hause laufe, schaut mich einer dieser Menschen mit dem furchtbar schön bunten Kopf an und sagt: „Hey, du bist super! Und weißt du was, du kannst auch super laufen!“

Ich tue dann immer so, als würde ich lachen und eventuell lache ich eigentlich auch ehrlich. Und dann merke und denke ich: „Ja. Das ist mein Leben. Und das ist mehr als nur ein bisschen okay so.“

Nach kurzem Nachdenken füge ich hinzu: „Und ich kann wirklich, wirklich super laufen.“

Daniel Wagner

Der aus Heidelberg stammende Künstler steht seit über zehn Jahren auf Bühnen in ganz Deutschland. Als mehrfacher Landesmeister im Poetry Slam und sechsfacher Finalist der Deutschsprachigen Meisterschaften brachte er 2013 mit „VollAssiMuse“ sein erstes Buch an die Öffentlichkeit.

Der Gründer des Tinx-Verlags schafft mit seinen Texten den Spagat zwischen unterhaltsamer Satire und heiter-lustigem Quatsch, den er mit einer gesunden Portion Selbstironie serviert. Daniel Wagner ist frech, lustig und tabulos – eine Massage für die Großraumrinde des Kleinhirns.

Mehr unter: www.fb.com/danielwagnersblog

Eine Geschichte

Von Daniel Wagner

Vorwort:

Ende 2017 war ich in der Schweiz unterwegs. Hier war gerade die sogenannte „Mohrenkopfdiskussion“ entbrannt und zog sich durch sämtliche Schweizer Medien. Da war ich als Deutscher doch recht überrascht, hatten wir doch schon mindestens ein Jahrzehnt zuvor festgestellt, dass diese Süßspeise auf keinen Fall „Mohrenkopf“ heißen sollte, sondern ganz klar „Negerkuss“ – ein kleiner Scherz am Rande…

„Nein“, dachte ich, „wir Deutschen sind da den Schweizern voraus, zumindest in der politisch korrekten (Um-)Benennung von Lebensmitteln. Dem Österreicher dagegen scheinen solche Diskussionen gar völlig fremd, der würde womöglich vor Schreck beim „ausländerfreien Baden“ sein „Mohrenbräu“ über sein „Zigeunerschnitzel“ schütten.

Ich sage zu „Mohrenkopf“ inzwischen „Eiweißschaumschneegelatinesüßcremesahnemassenzapfenspeise mit Eiswaffelunterlage und kakaohaltigem Schokoladenüberzug – mit Migrationshintergrund“. So klingt das, wie ich denke, korrekt und fortschrittlich.

Diese deutsche Fortschrittlichkeit ging mir nicht mehr aus dem Kopf und ich wollte gern einen

Text dazu verfassen. Dabei ist eine kleine Geschichte herausgekommen: Eine Geschichte zum Thema Fortschrittlichkeit und Vorurteile. Sie ist leider nicht sehr spannend, dafür aber auch nicht lustig.

Ich bitte trotzdem, die Geschichte aufmerksam durchzulesen, denn es wird im Anschluss eine Frage gestellt.

Die Geschichte geht wie folgt:
Ein Deutscher kommt nach Hause, macht sich schnell noch einen Kaffee, putzt sich seine Zähne und geht ins Bett.

Da ist die Geschichte zu Ende.

Jetzt die Frage:
Was lernen wir aus dieser Geschichte?

Beginnen wir mit der Interpretation:
Dass der Deutsche sich „schnell" noch einen Kaffee macht, impliziert doch, dass er wahrscheinlich in Besitz einer Kaffee-Kapselmaschine ist, dem Sinnbild des technischen Fortschritts:

Kapsel rein, Knopf drücken, Kaffee fertig – noch nie war Kaffee kochen so einfach und so fortschrittlich. Dabei merkt er vielleicht gar nicht, dass er inzwischen 80 Euro für ein Kilo Kaffee bezahlt, weil die Kaffee-Kapseln mit 40 Cent pro Stück mit gerade mal fünf Gramm Kaffee gefüllt sind.

Zudem sind ihm auch die weltweit täglichen 4.000 Tonnen Kaffeekapsel-Müll egal – ja, was ist das denn überhaupt für ein Deutscher, der für die Umweltverschmutzung auch noch extra bezahlt? Ich frage mich das an dieser Stelle häufiger, aber der Deutsche liebt eben den technischen Fortschritt, der Deutsche liebt das Leben per Knopfdruck.

Wenn der Kaffee jetzt so teuer ist, dann muss eben an anderer Stelle gespart werden: Einfach ein Brötchen schmieren, das aus einem sogenannten Supermarkt-Express-Backautomaten per Knopfdruck für nur 10 Cent herausgeplöppt ist. Dabei bemerkt der Deutsche vielleicht gar nicht, dass das ein in Polen für einen Hungerlohn aus genmanipuliertem Weizen vorgebackenes, mit Fischöl-Amylasen-Propion-Sorbin-Essigsäure-Malzextrakt-Diacetyl-Weinsäure-Ether versetztes Teigling-Aufbackbrötchen ist, wegen solchem die kleine Bäckerei in seinem Dorf pleite gegangen ist und schließen musste. Aber woher soll der Deutsche das denn wissen?

Er ist eben nicht so gut informiert – auf der Brötchentüte steht ja immer nur „Knusperbrötchen“. Das beschmiert er sich jetzt auch noch mit krebserregenden Transfettsäuren und toxischen Palmfetten, weil die so gut nach Nuss-Nougat-Creme schmecken, dabei sind sie aber nicht gut für seine Leber!

Und auch nicht gut für seine Hoden oder für seine Zähne, wobei seine Zähne vielleicht nicht ganz so gefährdet sind, denn die putzt er schließlich – höchstwahrscheinlich auch noch elektrisch und per Knopfdruck.

Mit der neuen „Oral-B Indicator Hightech-Protector X-Clean öko-dent-Intensivreinigung Supreme Max White" mit Zahncreme-Einspritzanlage und Flex-Zonen-Stiel, Schwingkopf-Kugelgelenk, schräg abgewinkelten Whitening-Borsten und Mini-Borsten auf diesen Borsten sowie einem weichen Spezial-Polier-Lamellenfeld auf der Rückseite für die sanfte und schonende Reinigung der Zungenoberfläche. Dazu Ultraschallplackabwehr, integrierter Essensresteabsauger und Touchscreen für die Wasserstoßbelag-Abspritzungs-App mit Vibrationsalarm und persönlichem Putzprofil zum Herunterladen, empfohlen von Dr. DekaDent.

Getestet wurde das Ganze von der Stiftung Warentest, indem die Borsten in einem aufwendigen Qualitätscheck gegen eine sonnengereifte Tomate gedrückt wurden.

Auf dem Stiel dieser Zahnbürste prangt auch noch das Emblem seines Lieblings-Fußballvereins, denn der Deutsche liebt den Fußball. Und für nur 800 Euro im Monat lässt er sich alle Spiele und alle Tore auf das Display dieser Zahnbürste hinaufprojizieren.

Selbstverständlich alle Spiele der Deutschen Traditionsvereine: Red Bull München, Red Bull Augsburg, Red Bull Berlin, Red Bull Bremen, Red Bull Frankfurt, Red Bull Hamburg, Red Bull Hoffenheim, Red Bull Leverkusen, Red Bull Mönchengladbach, Red Bull Schalke, Red Bull Wolfsburg und natürlich *RasenBallsport Leipzig*!

Noch nie war Fußballgucken so unkommerziell, so fortschrittlich und vor allem so zahnfreundlich.

Aber kehren wir zurück zur Geschichte, denn schon längst hätte sich der aufmerksame Leser doch langsam mal fragen müssen:

Warum trinkt der Deutsche bevor er schlafen geht überhaupt noch Kaffee? Naja, vielleicht geht der Deutsche jetzt gar nicht schlafen, vielleicht setzt er sich jetzt noch in seinen Mercedes oder in seinen BMW und fährt los!

Der Deutsche weiß, wenn Fußballgucken so teuer ist, dann muss eben an anderer Stelle gespart werden, zum Beispiel beim Sex – ja richtig: Dann muss eben an anderer Stelle gepaart werden, nämlich in Polen oder Tschechien.

Dort gibt es Flatrate-Bordelle, die so billig sind, dass dann sogar noch Geld übrigbleibt, welches er dann für einen Flug nach Thailand verwenden kann, wo er sich dort von einer blutjungen hübschen Asiatin, die ums nackte Überleben kämpft, seinen alten faltig-verschrumpelten deutschen Rentnerarsch nochmal so richtig durchkneten lassen kann.

Und dann kann er von dort auch direkt per Briefwahl die AfD wählen, denn selbstverständlich wählt er die AfD, denn die AfD ist die „Partei des Fortschritts".

Darüber hat er sich informiert! Er hat nämlich Plakate gesehen, auf denen halbnackte Girls abgebildet waren, zusammen mit dem Slogan „Bikinis statt Burkas", was so viel bedeutet wie „Titten statt Toga", „Möpse statt Mäntel", „Nippel statt Nikab" oder kurz: „Bumsen statt Beten".

Deshalb wählt er auch diese Partei, denn diese Partei kümmert sich darum, dass in unser Land keine Ausländer mehr kommen, denn der Ausländer hat „ein falsches Frauenbild"!

Der Deutsche dagegen hat ein richtiges Frauenbild und weiß: Die Einwanderung macht unsere Frauenbilder kaputt, kaputt, kaputt, und nur die AfD, macht sie heil, sie heil, sie heil !

„Sag mal, bist du hängengeblieben?", fragt da plötzlich der Deutsche, der sich auf einmal zu mir umgedreht hat.

„Ich wähl gar nicht die AfD, denn die AfD ist eine hetzende, menschenverachtende braune Dreckspartei! Also ein politischer Tumor, der sich mit billigem Populismus 70 Jahre nachdem die Nazis

Deutschland in Schutt und Asche gelegt haben, wieder bis in den deutschen Bundestag gewuchert hat!“, sagt er.

Ich schaue ihn an und erwidere: „Moment mal, was soll das denn jetzt, ich bin hier der Autor und was in meinem Text passiert, bestimme immer noch ich! Außerdem stimmt das auch gar nicht, was du sagst!“

Erstens ist die AFD kein Tumor, denn ein Tumor kann gutartig sein, und zweitens haben ihre Führer Gauland und Weidel nicht gewuchert, sondern wurden mit 92 weiteren Mandaten in den Deutschen Bundestag gewählt. Vielleicht sind das auch gar keine Nazis, sondern Künstler, die an der allgemeinen Malerschule der Wiener Kunstakademie abgelehnt wurden und mit politischer Hetze lediglich zu kompensieren versuchen, dass sie nur ein Ei im Sack haben.

Und wer jetzt denkt: „Moment mal, das ist doch historisch, das gab´s doch alles schonmal“, der kann auf jeden Fall jetzt auch die Eingangsfrage beantworten:

1.) Die Geschichte ist niemals zu Ende.

2.) Wir lernen aus der Geschichte, dass wohl so einige nichts aus der Geschichte gelernt haben.

Andrea Maria Fahrenkampf

Andrea Maria Fahrenkampf ist Bühnenpoetin, Autorin und angehende Apothekerin. Die Saarbrückerin ist schon immer auf irgendwelchen Bühnen unterwegs gewesen, egal ob Theater, Musical oder Musik. Zufällig hat sie 2017 den Weg zum Poetry Slam gefunden und gewann im selben Jahr die saarländischen Meisterschaften. Seitdem tourt sie regelmäßig als Poetin durch deutsche Städte.

Spoken Word, Lyrik, ein bisschen Comedy und ein bisschen Rap gehören zu ihrem breiten Repertoire. Alles in allem kann man sagen: große Klappe, viel dahinter.

Mehr unter: www.fb.com/andreaxmariax

Oh Lucy

Von Andrea Maria Fahrenkampf

Du warst aus mit Marie,
nanntest sie *ma cherie*.
Du hattest schon Linda und Lena und Lea
und Lisa und Laura und auch Tabea.
Und bist du auf Dates sprichst du viel über dich,
alle Girls für dich gleich, stets dieselbe Geschicht´.
Mit Smalltalk zum Ziel, mehr interessiert dich grad nicht,
es reichen zwei Komplimente und dein Fuckboy-Gesicht.
Du bist ein Ekel, Prolet, ein schmieriger Typ,
du fickst nur zum Spaß, du führst Strichliste mit.
Und Tinder dein Spielplatz noch schnell für heut Nacht,
die Reserve gecheckt und ein Date abgemacht.

Wie immer, dein Standard, um 8 Uhr am Brunnen,
dein Opfer schon wartet, dein Fressen gefunden.
Kommst immer zu spät,
erstmal Shittest – normal.
Einmal checken was geht, was *sie* will – egal.
Um zwanzig Uhr zehn, da sahst du sie,
Popo wie Kim und Marylins Körper, Lippen wie Angelina Jolie,
hast den Mund offen steh´n, guckst wie ein Gestörter.

Dein Drei-Punkte-Plan aus dem Köpfchen gelöscht.
Reiß dich zusammen, dich hat´s eiskalt erwischt.

Sie lässt sich von dir in deine Lieblingsbar führen,
den Tisch in der Ecke lässt du dir reservieren.
Sie beeindruckt dich krass, Humor und Intellekt,
das ist doch mal was, sie trinkt sicher Sekt.
Doch sie ruft: „Diggi, bring mir lieber mal zwei Freibier."
Der Barkeeper nickt, sie geht wohl öfter steil hier.

Und wären Dickpics bei Tinder dasselbe wie Geld,
wär´ sie ganz sicher reichste Frau dieser Welt.
Zwei Stunden später hat sie dich am Haken.
„Wir gehen jetzt zu mir", hörst du sie sagen.
Angekommen nicht im Himmel, sondern bei ihr,
zugegeben, es ist schon ´n bisschen heiß hier.
Sie, ziemlich jung für ihr Alter,
diese Frau ist der Wahnsinn,
der schönste Nachtfalter,
sie sagt: „Leg dich jetzt dahin."

Ihr Ego Neuschwanstein,
dein Ego ´ne Sandburg.
Du eher Burbach,
sie eher New York.
Champagner aus Flaschen war ihr Getränk,
ihr für heute Nacht deinen Körper geschenkt.

Hängst wie ein Schuljunge an ihren Lippen,
Herz wie ein Hammer klopft gegen die Rippen.
Keine Asse im Ärmel, deine Trickkiste leer,
ertrinkst du doch fast in deinem Speichel-
fluss-Meer.
Bricht aus deiner Krone fast jeder Zacken,
spürst du noch zart ihre Nägel im Nacken.
Der Biss auf die Lippe, ein wenig zu grob,
rote Spur´n auf dem Rücken, hat sich wild ausgetobt.
Sie sprach: „Du kleiner Tinderling,
höre was ich sage,
für mich bist du ein Spielzeug-Ding,
gezählt sind deine Tage."

Und so streicht sie deinen Namen von der Liste in
ihrem Buch,
das ganze Alphabet kam schon zu ihr zu Besuch.
Der Zauber lässt nach, du besinnst dich sofort,
Feuer, Funken um dich rum: „Was ist das für ein
Ort?"

Wie Dante es schrieb,
das Date im Höllenkreis acht,
kein Platz für die Lieb´
und das Bett ungemacht.
Nur Lust und Verlangen
und Rache und Schmerz,
es zittern die Knie,
aus Stein ist ihr Herz.

Sie nimmt dich mit ihr ein Stockwerk tiefer,
hat sie dich am Haken, für immer ihr Diener.
Im neunten Kreis ist sie Zuhaus´,
es dämmert dir langsam, sie ist Luzifers Frau.
Vor unendlichen Zeiten in die Hölle verbannt,
im Leben hat sie viele Männer gekannt,
sie vernebelt die Sinne, steckt Herzen in Brand.
Als Hexe und Hure aus Städten gehetzt,
Abschaum der Gesellschaft, verbrannt per Gesetz.

Steigt sie auf unter Menschen der heutigen Zeit,
kein Mann dieser Welt, der´s aufhalten kann.
Die Zeiten des Wandels des Bildes der Frau,
sie ist in Austeil-Laune, hat Spendierhosen an.
Sogar den Teufel hat sie unterm Pantoffel,
Herrin der Hölle auf ihrem Thron,
er kuscht, weil er mit ihr keinen Zoff will,
solang er sich fügt, wird sie ihn verschon´.

Und was sie dir spendiert, das ist ´ne Lektion,
respektvoller Umgang und Information.
Was passiert, wenn du´s nicht tust?
Sie holt dich vom Ross, für dich viel zu hoch,
benimm dich in Zukunft, oder es gibt einen Fluch.
Dann grollt es und donnert, sie lacht voller Hohn
Und macht ein Foto von deiner Halb-Erektion.

Und wie du da liegst, verletzlich und nackt,
so wie du es früher mit den Mädels gemacht.

Und das kommt auf dich zu, benimmst du dich nicht,
starr nicht auf die Titten, guck nur ins Gesicht.

Kein Rufen, kein Pfeifen
kein Packen am Po
kein spielen, kein greifen
nur nett sein und so.

Du nickst und du bettelst: „Alles, bloß das nicht!"
Du fängst an zu weinen, du änderst dich drastisch.
Sie schickt dich zurück, stehst wieder am Brunnen.
Da hattest du Glück, ist noch keinem gelungen.

Keiner kehrte je wieder, sie wurden zu Asche,
du hattest Chance Nummer zwei, fühlst das Bild in der Tasche.
Bist erleichtert am Lachen
Raus aus den Augen, raus aus dem Sinn
Was will sie schon machen,
du bist schließlich der King.
Zückst dein Buch und ´nen Stift,
machst ´nen Strich auf die List.
Dann ein Blitz in den Schritt,
du schreist auf: „Nein, bitte nicht!"

Und so hat dich des Teufels Alte geknallt,
denn wie man rein ruft schallt´s auch raus aus dem Wald.

Jonathan Dom

Im Oktober 2015 begann Jonathan Dom im Alter von gerade 15 Jahren seine Poetry Slam-Karriere und ist heute deutschlandweit auf Slam-, Comedy- und Kabarettbühnen unterwegs. Der aus dem schwäbischen Rottweil stammende Künstler beschäftigte sich viel mit lyrisch-melancholischen und romantischen Texten, denen heute hauptsächlich humorvolle und selbstironische Themen folgten. Neben seinem Engagement als Poetry Slammer ist Jonathan Dom häufig bei Comedy Shows zu finden und arbeitet an seinem ersten, eigenen Bühnenprogramm sowie diversen Publikationen.

Mehr unter: www.jonathandom.de

Ungeplante Vaterschaft

Von Jonathan Dom

Tja, da stand ich nun:

18 Jahre jung, grün hinter den Ohren, als würde ein ganzer Schrebergartenverein seine Salate hinter meinen Rotzlöffeln züchten, und mit nichts anderem als meinem abgenutzten Turnbeutel in der Hand. Mit einem schockierten und zugleich höchst irritierten Blick starre ich auf die provisorisch geflickte Wohnungstür, die mein Kind gerade eben in einem Tobsuchtsanfall aus den Angeln geworfen hatte.

Mein Kind? Das ist 1,72m groß, behaart, chronisch pleite und hört auf den Namen Lukas. Eigentlich wollte ich es erst Uwe nennen, das hätte sich deutlich besser brüllen lassen, falls der Kleine mal wieder abhaut. Leider meinte die Frau von der Behörde, dass das Umbenennen eines 21-Jährigen mit wirklich sehr viel Papierkram verbunden sei und auch nur mit der Einstimmung der jeweiligen Person geht, sie sei ja schließlich schon volljährig.

Ich hatte es letztendlich aufgegeben, auch wenn sich ein kleiner Teil von mir ganz tief drinnen immer noch diese eine Sache wünscht: Irgendwann einmal im Stile eines erhabenen Drill-Sergeanten der amerikanischen Navy-Seals durch die Innenstadt laufen und bis in jeden Hinterhof lautstark „UUUUWWWÄÄÄÄÄÄÄÄHHHHH!“ zu brüllen, um den Junior wieder einzufangen.

Ein Traum, der sich für mich wohl niemals erfüllen wird. Auch mein selbstdesigntes Tattoo, welches aus den Großbuchstaben U ,W und E sowie seinem Geburtsdatum besteht, werde ich mir wohl nie wie all die anderen stolzen, jungen Väter unter die Haut meines linken Unterarmes stechen lassen.

Wenn Sie nun auch gerade wie die meisten Menschen, die diese Geschichte hören, die Stirn runzeln und denken: „Moment, irgendwas stimmt doch dabei nicht, das funktioniert ja gar nicht!“, kann ich Sie beruhigen. Die Erklärung ist eigentlich recht simpel:

Warum mein Sohn drei Jahre älter ist als ich, fragen Sie? Dinge passieren schnell und, naja, ich wollte mir eigentlich einen Hund zulegen…

Natürlich wurde alles anders und es kam, wie es kommen musste, als ich eines Freitagsabends durch das Kneipenviertel Freiburgs gezogen bin und ihn plötzlich direkt vor mir stehen sah: Lukas!

Zugegebenermaßen ist „stehen“ jetzt etwas übertrieben, er kroch vielmehr. Als sofortige Notmaßnahme kaufte ich ihm einen Döner, womit ich sein Vertrauen gewann.

Ich suchte eigentlich einen Hund, doch fand ein weitaus hilfsbedürftigeres Tier: Einen Studenten!

Selbstverständlich wollte ich ursprünglich meinen Hund aus dem Tierheim. Ganz einfach, weil die Tiere dort nicht schlechter als überall sonst sind und die Liebe auch ganz dringend nötig haben. Vor allem aber, weil die meisten schon etwas älter sind. Jetzt nicht etwa, dass ich etwas gegen Welpen hätte. Niemand hat etwas gegen Welpen. Welpen, die sind süß! Ich liebe Welpen wirklich sehr…

Welpen müssen nichts können, die tapsen durch die Gegend und sind knuffig, verdammt knuffig. Die müssen um niedlich zu sein gar nichts anderes tun als zu existieren.

Ich mein das was danach kommt, die Zeit, in der man den jungen Hunden etwas beibringen muss – gar kein Bock auf sowas.

Das Prinzip kann man eigentlich auch eins zu eins auf Menschen übertragen. Beispielsweise müssen Babys genauso nichts tun, um niedlich zu sein, aber nach dem Baby-Alter fängt der Stress ja erst an – wie bei den Welpen auch.

Menschen sind wie Pokémon: Nachdem sie geschlüpft sind, Gott, sind sie verdammt niedlich!

Doch leider braucht es dann Zeit und sehr, sehr viel Geduld, bis sie sich zu etwas „Brauchbarem“

weiterentwickeln – oder einem zumindest nicht mehr das Leben zur Hölle machen.

In der ersten Zeit wollen Kinder ja so viel wissen und nerven den ganzen Tag, dabei verdienen die selbst noch nicht einmal Geld und sollten sich eigentlich benehmen, schließlich sind sie auf ganzer Ebene komplett von uns abhängig.

Ich verachte sie, diese Kinder!

Ja okay, vielleicht ist das etwas übertrieben. Kinder, Kinder sind toll! Naja, zumindest solange sie möglichst weit weg sind, im Flugzeug nicht neben mir sitzen und gefälligst keine Szene vor der Supermarktkasse machen, wenn sie keinen Lolli bekommen.

Kinder sind unnütz! Kein Kind tut etwas für unsere Gesellschaft, ganz im Gegenteil. Wie ein Parasit befallen sie den weiblichen Körper, nähren sich knapp 40 Wochen von ihrem Wirt und brechen danach unter großen Schmerzen für den betroffenen Menschen aus ihm heraus.

Und das schlimmste kommt noch! Als wäre diese bestialische Tortur noch nicht schlimm genug, unterjochen sie uns dann auch noch mit ihrer einzigartigen Geheimwaffe: Den Kulleraugen!

Freimaurer, Aliens, die NSA – scheiß auf die! Kinder sind die wahren Herrscher dieser Welt. Vor nichts anderem sollte man so viel Angst haben!

Ein Löwe zerfleischt dich definitiv.
Eine Schlange vergiftet oder erwürgt dich früher oder später.
Die CDU zwingt dich zu einhundert Prozent Kreuze in allen Schulen aufzuhängen, Bayern war schließlich nur das Pilotprojekt.
Aber Kinder? Kinder sind unberechenbar!
Kinderkriegen endet in 100% der Fälle tödlich!

Aber Lukas ist anders, Lukas ist schon ein wenig älter und von daher der perfekte Sohn für mich. Er hat mich schon, als ich ihn mit seinem warmen Döner zu mir auf die abgesessene WG-Couch legte, als neuen Papa akzeptiert. Doch auch mit ihm ist es nicht immer leicht.

Er ist ständig betrunken, liegt den ganzen Tag nur auf dem Sofa, zerstört im Suff Wohnungstüren und tut für unsere Gesellschaft ungefähr genau so wenig wie ein Kleinkind, der typische Student eben!

Naja, aber ich kümmere mich gut um ihn! Vor allem hat er Kindern gegenüber einen entscheidenden Vorteil:
Lukas braucht keinen Kita-Platz…

Christian Rehn

Christian Rehn lebt in der Nähe von Karlsruhe und ist eigentlich Softwareentwickler. Der bekennende Halb-Nerd schrieb schon im Grundschulalter gelegentlich Geschichten und Gedichte. Zum Poetry Slam fand er aber erst im Alter von 27 Jahren. Nun steht er seit Anfang 2015 regelmäßig auf den regionalen und hin und wieder auch überregionalen Slam-Bühnen. Im Laufe der letzten Jahre hat sich Christian Rehn damit zu einem festen Teil der baden-württembergischen Slam-Szene gemacht.

Mehr unter: www.christian-rehn.de

Ich-auch-Gedicht

Von Christian Rehn

Goethe hat mal geschrieben: „Kennst du das Land, wo die Zitronen blühn." Erich Kästner hat daraus dann gemacht: „Kennst du das Land, wo die Kanonen blühn."

Das hier ist ein Ich-auch-Gedicht:

Kennst du das Land, wo die Dämonen glüh´n?
Du kennst es nicht? Du wirst es kennenlernen!
Dort schreit man lautlos, trotz bemüh´n,
dort steht die Zukunft in den Sternen.

Dort wo schwarz-weiß-rote Köpfe
grölend hinter Feuern steh´n,
die alle Tode denen wünschen,
die nicht so wie sie aussehen:

„Und Tod sei auch den kleinen
Kindern, die vor Grenzen steh´n,
die nicht in unsrer Sprache weinen,
die nicht auf Deutsch den Schutz erfleh´n."

Worte, die mit dumpfem Hallen
durch die Datenkabel strömen;
Sätze, die wie Peitschen knallen,
wenn sie Opfer noch verhöhnen.

Arme, Alte, Reiche, Junge,
im Islam könn´ sie ein Feind-
Bild kreieren, das sie alle
gegen alles Fremde eint.

„Lügenpresse" ist ihr Schlachtruf
und Gerüchte sind ihr Schwert,
Wut ist ihre Antriebsfeder,
die die Angst in Hass verkehrt.

Blut, das nicht vom Herz bewegt wird,
bleibt bald steh´n, bis es gerinnt,
bis die roten Lebenssäfte
kalt und braun geworden sind.

„Was soll ich tun?", frag ich,
denn meine Macht, die ist beschränkt;
meine Faulheit hindert mich,
meine Feigheit lähmt.
Und ich, ich stehe hier
und hab doch nur
ein weißes Blatt Papier
mit einem Text:

Kennst du das Land wo „Lügenpresse"
immer noch ein Schlachtruf ist,
weil man fälschlich manche Kunde
nicht mit gleichem Maß bemisst?

Weil die einen, die ihn schreien,
diesen nur bestätigt seh´n,
wenn die andern, die gescheiter,
diesen dennoch nicht gesteh´n,

dass es hier in Flüchtlingsfragen
freilich auch Probleme gibt.
Wahrheit kann Vertrauen schaffen,
trotzdem ist sie unbeliebt.

Skandale, Bomben und Soldaten
sind bei Medien sehr begehrt.
Suppenküchenheldentaten
sind als Nachricht nicht viel wert.

„Was soll ich tun?“, frag ich,
denn meine Macht, die ist beschränkt;
meine Faulheit hindert mich,
die eigne Feigheit lähmt.
Und ich, ich stehe hier
und hab doch nur
ein weißes Blatt Papier
mit einem Text:

Kennst du das Land wo nachts die Drohnen
fliegen? Wo sie Angst verbreiten,
drohend durch die Wolken gleiten.
Arglos, ohne Achtsamkeiten

für die neue Freiheit streiten,
indem sie Menschheitsflüssigkeiten
wie Blut auf dem Boden verteilen.

Dort wo ein Kind,
vom Kummer erdrückt
und ängstlich gebückt,
zum Fenster raus blickt
und damit dem Nachbarn ins Zielfernrohr rückt,
der zehn Meter weiter – die Waffe gezückt –
steht. Und reflexartig drückt
er den Abzug.

Menschen leben dort – in diesem Land,
das man mit Heimat eng verband.
Dort, wo Kindheitsträume lagen
und wo Großeltern begraben;
wo Freunde bei den Nachbarn wohnen
in ganz andern Klimazonen.

Dort, wo amerikanische Waffen
zusammen mit denen,
die sie bekamen,
zum IS überlaufen.

Dort, wo russische Waffen
zur Beute gemacht,
zum Warlord gebracht
und weiterverwendet werden.

Dort, wo deutsche Waffen
im Schatten verschwinden,
auf dem Schwarzmarkt zu finden
und dann auch zu kaufen sind.

Dort, wo unangefochten
die Waffen regieren
und nur die Idioten rotieren,
die sie bedienen.

Und hinter Grenzen, hinter Meeren,
gibt es Frieden, gibt es Leben,
hinter Zäunen, Barrieren
gibt es Zukunft anzustreben.

Wenn andere vor Neid erblassen,
dann staunt die ganze Welt, denn wir
haben uns gebären lassen,
nicht in Syrien – sondern hier.

Blut, das nicht vom Herz bewegt wird
bleibt bald steh´n, bis es gerinnt,
bis die roten Lebenssäfte
kalt und braun geworden sind

Und ich, ich stehe hier
und hab doch nur
ein weißes Blatt Papier…

Joachim Weiß

Der altgediente Poetry Slammer ist von Beruf zwar IT´ler, sowohl in der Praxis als auch in der Lehre, aber in seinen innersten Tiefen ist er Clown. Joachim Weiß steht schon seit vielen Jahren auf unterschiedlichen Slam-Bühnen der gesamten Bundesrepublik. Daneben ist er bei diversen weiteren Engagements vertreten, beispielsweise tritt er im Theater auf, ist als Improvisationskünstler in verschiedenen Locations zu sehen und übt als Trainer zudem freie Reden ein.

Weitere Texte von Joachim Weiß gibt es in seiner eigenen Textsammlung „Spaghettihelden".

Mehr unter: www.fb.com/noproduct

Heldenreise.
Oder von einem, der auszog, um Spaghetti zu kochen

Von Joachim Weiß

Nach Joseph Campbell gibt es für jede Erzählung – Hollywood, Märchen, Epos – ein in allen Kulturen festgelegtes Schema, wie eine gute Geschichte aufgebaut sein sollte. Nachdem ich das gelesen hatte, war mir klar: Mein normales Leben endet hier – ich werde ab sofort als Held leben, nein, als gefeierter Held, besser als Superheld. Da mein Arbeitstag wenig Heldenpotential hatte, beschloss ich, dass der Feierabend für die erste Heldentat ausreichen musste. Nach Campbell müsste mich schließlich zuerst ein Ruf ereilen.

Phase 1 – Ruf: Erfahrung eines Mangels oder plötzliches Erscheinen einer Aufgabe.

Ich liege auf dem Sofa und warte auf meinen Ruf. Er kommt als leises Grummeln aus meinem Bauch. Perfekt, die Aufgabe ist gefunden: „Abendessen machen.“ Ich hatte mir zwar eine Prinzessin in ernsthaften Schwierigkeiten vorgestellt, aber Supermans erster Heldentag war sicherlich auch irgendetwas Profanes, zum Beispiel mit dem Nachbarskind das Schulbrot zu teilen oder so… Natürlich musste es etwas Schwieriges sein! Der Plan stand fest: Ich würde erst in den Laden gehen, dann eine Packung Mirácoli kaufen und diese später für die Familie zubereiten.

Phase 2 – Weigerung: Der Held zögert, dem Ruf zu folgen, beispielsweise weil es gilt, Sicherheiten aufzugeben.

Okay, das Wetter ist eklig und ich müsste zum Rewe, der mindestens 400m entfernt liegt. Es ist außerdem Regen angesagt. Mein Magen knurrt und der Rest Pizza, der in der Küche liegt, ist leider zu mickrig für ein Abendessen. Außerdem sieht er aus, als würde er jeden Moment anfangen zu leben und sich seiner bewusst zu werden. Ich denke, dass diese Erkenntnis dazu führen wird, dass er sich mit suizidaler Absicht in die Biotonne stürzt. Ich komme dem Drama zuvor und schmeiße ihn direkt hinein.

Super, jetzt muss ich auch noch den Biomüll runterbringen, dann kann ich auch gleich zum Rewe gehen.

Phase 3 – Aufbruch: Er überwindet sein Zögern und macht sich auf die Reise.

Jacke an, Schuhe an. Das Abenteuer beginnt! Ich werde ein Held! Pfeifend laufe ich die Treppe hinunter…

Phase 4 – Auftreten von Problemen, die als Prüfungen interpretiert werden können.

Natürlich lassen erste Schwierigkeiten nicht lange auf sich warten: Geldbeutel vergessen. Zurück zur Wohnung, Schuhe aus, Geldbeutel suchen, Geldbeutel finden – leer. Nach EC Karte schauen – im Geldbeutel. Schuhe an, pfeifend die Treppe hinunter, raus aus der Haustür und diese schließen, feststellen, dass der Schlüssel noch immer in der Wohnungstür steckt. Anschließend beim Mitmieter klingeln, sich öffnen lassen, entschuldigen, Schlüssel aus der Wohnungstür ziehen – halt – Biomüll vergessen. Schuhe, ach Scheiß drauf, Biomüll greifen, Haustür noch nicht schließen, checken: Schlüssel, Geld, Handy – Handy fehlt, ach egal, wen will ich schon anrufen. Haustür zu und los. Ich laufe ein paar Meter und denke mir, jetzt könne eigentlich…

Phase 5 – Übernatürliche Hilfe: Der Held trifft unerwartet auf einen oder mehrere Mentoren

eintreten. Tatsächlich treffe ich Beate, die redet zwar etwas viel, aber sie kennt sich mit Einkaufen super aus und ist als Mentor für diese Heldentat dadurch hervorragend geeignet. Sie begrüßt meine Idee, Spaghetti zu kochen und lobt mich ausdrücklich, bevor sie mich fragt, ob ich denn frischen Basilikum hätte. Ich verneine. Das sei überhaupt kein Problem, meint Beate, ich solle bloß nicht den überteuerten getrockneten oder gar den in der Tiefkühltruhe vegetierenden kaufen, sondern dürfe mir auf dem Rückweg in ihrem Garten frischen Basilikum pflücken. Ich wollte erwähnen, dass ich

a) nicht vorhatte meine Spaghetti nachzuwürzen, weil ich *Miràcoli* bezüglich ihrer Fertiggewürzmischung grenzenloses Vertrauen entgegenbringe;

b) keine Ahnung habe, wie Basilikum aussieht.

Mein Schweigen wird allerdings als Zustimmung interpretiert. Kurz vorm Rewe verabschiedete sich Beate. Ich wollte ihr eigentlich zuhören, da sie bestimmt traditionsreiche Erfahrungen in der Langnudelzubereitung hatte, aber ich habe mich stattdessen ängstlich gefragt, was für ein Drache den Supermarkteingang bewachen würde, denn nun kommt…

Phase 6 – Die erste Schwelle: Schwere Prüfungen, Kampf mit dem Drachen etc., der sich als Kampf gegen die eigenen inneren Widerstände und Illusionen erweisen kann.

Die Schwelle heißt Frau Müllerschön. Wie wenn man einen Berg erklommen hat und ins weite, mit leichtem Nebel überzuckerte fremde Tal hinausblickt, gab mir die elektronische Schranke den Weg in die Weiten der Obstabteilung und den Dunst des Gemüsebeneblers frei. „Den Müll wellet Sie aber nit hier mit neinemme“, sagt Frau Müllerschön mit einem vor Abscheu zurückgenommenen Kopf. Dadurch war ihr Namensschild fast genauso weit hervorgetreten wie ihr ausgestreckter Zeigefinger, der vorwurfsvoll auf meine Tüte mit Biomüll zeigt.

„Oh, natürlich“, stammle ich, „da war ich wohl etwas zerstreut.“ Frau Müllerschön sagt nichts, ihr Finger wandert mit Entschiedenheit zum Ausgang.

Phase 7 – Fortschreitende Probleme und Prüfungen, übernatürliche Hilfe.

Ich verlasse den Supermarkt. Meine Tüte werde ich einfach in einen der Papierkörbe draußen stecken. Das ist zwar Müllfrevel, aber auch ein guter Held ist nicht frei von Makeln, sondern begeht die ein oder andere kleine Gesetzesübertretung, um im Finale zu glänzen. Nie habe ich James Bond gesehen, wie er eine Parkuhr füttert oder gar beim Betreten einer fremden Wohnung fragt, ob er die Schuhe ausziehen soll. Ich stehe vor dem Papierkorb und werfe einen prüfenden Blick nach hinten. Frau Müllerschön steht im Eingangsportal und überwacht mich mit Argusaugen. Ich bin sicher, falls ich es wagen sollte, die Tüte hier zu versenken, würde sie tief einatmen, ihr Namensschild würde von ihrer Brust abspringen und wie ein Geschoss auf mich zurasen, um zitternd in meiner Stirn stecken zu bleiben.

Plötzlich ertönt eine Stimme aus dem Lautsprecher: „Frau Müllerschön, Storno Kasse 3." Ich stopfe die Tüte in den Papierkorb und schreite befreit in den Einkaufstempel, was für eine „übernatürliche Hilfe"…

Phase 8 – Initiation und Transformation des Helden: Empfang oder Raub eines Elixiers oder Schatzes

Frau Müllerschön hat mir klar gemacht, dass es hier gefährlich ist. Es gilt schnell zu handeln! Ich erblicke die an der Decke angebrachten Schilder: „Obst", „Konserven", „Marmelade" und „Nudeln" – da ist sie, die Mirácoli Familienpackung!

„Ja!", ich reiße die Arme samt Familienpackung triumphierend nach oben. „Alles in Ordnung bei Ihnen?", fragt eine Mutter, die mit ihrem vor Schreck erstarrten Kind neben mir steht.

„Alles okay! Ich habe nur die richtige Brille vergessen." Genialer Einfall. Ich betrachte die Verpackung mit ausgestrecktem Arm, wobei ich so tue, als sei da oben das Licht irgendwie besser.

Phase 9 – Verweigerung der Rückkehr: Der Held zögert in die Welt des Alltags zurückzukehren.

Auf meinem Weg zur Kasse entdecke ich ein weiteres Schild: „Near Water“ – was ist das? Ich mache mich auf den Weg, das Geheimnis zu erkunden: Als „Near Water“ bezeichnet man Wasser, welches in Flaschen gepackt, mit Aromastoffen, nutzlosen Vitaminen und hauptsächlich Unmengen von Zucker vergällt wurde, sodass es absolut untrinkbar ist. Der Preis von diesen Dingern ist aber so maßlos überhöht, dass Leute es kaufen, weil es so teuer ist, dass es ja gar nicht schlecht sein kann.

Ich werde diesen Supermarkt retten! Ich teile meine Erkenntnis einem Herrn im weißen Kittel mit. Auf seinem Namensschild steht „Herr Musek, Filialleiter“, aber seine Brust ist so gestaltet, dass daraus unmöglich ein Projektil werden könnte.

Phase 10 – Verlassen der Unterwelt: Der Held wird durch innere Beweggründe oder äußeren Zwang zur Rückkehr bewegt.

„Das scheint ja heute nicht Ihr Tag zu sein. Ich denke, ich gebe Ihnen diese Woche Gelegenheit, über Ihr Verhalten nachzudenken. Sie haben eine Woche Hausverbot“, sagt der Filialleiter.

„Weil ich die Wahrheit über dieses Wasser sage? Wo ist die Demokratie, die freie Meinungsäuß…“

„Nicht deswegen“, unterbricht er mich, „Sie haben illegal Müll auf unserem Gelände entsorgt.“ Sein Blick wandert zur Tür, ich bleibe stehen. „Was?“, fragt er mit einem unhöflichen Unterton.

„Ich muss die noch bezahlen!", sage ich und hebe meine Spaghetti in die Höhe…

Phase 11 – Rückkehr: Der Held überschreitet die Schwelle zur Alltagswelt, aus der er ursprünglich aufgebrochen war. Er trifft auf Unglauben oder Unverständnis.

Am Ausgang steht Frau Müllerschön und überreicht mir mit spitzen Fingern meine inzwischen aufgeweichte Biomülltüte. „Ich behalte Sie im Auge!", sagt sie, was ich ihr sofort glaube. Sie schüttelt zum Abschied den Kopf, die Mutter mit dem Kind fährt in einem großen Bogen mit ihrem Einkaufswagen um mich herum. Wenig später bin ich wieder Zuhause. „Du hast gekocht!", meine Restfamilie ist begeistert.

Den Biomüll habe ich auf dem Heimweg bei Beate entsorgt, da die Tüte länger nicht überstanden hätte, und dort großzügig Basilikum gepflückt.

Phase 12 – Herr der zwei Welten: Der Held vereint Alltagsleben mit seinem neugefundenen Wissen, und lässt somit die Gesellschaft an seiner Entdeckung teilhaben.

„Es schmeckt richtig interessant." Die Familie kaut begeistert.

„Ich habe die Gewürzmischung etwas aufgepeppt", meine ich und zeige einen Rest von Beates Basilikum.

„Du hast Zitronenmelisse reingemacht? Wow, das ist echt originell!"

Ich erhalte einen lobenden Kuss. Es ist wirklich toll, ein Held zu sein!

Jan Cönig

Jan Cönig ist…
…seit 2013 als Bühnenkünstler unterwegs
…aus Frankfurt am Main
…großer Fan von Schokolade
…meistens glücklich
…Autor, Slammer, Veranstalter, Comedian
…sympathischer als er aussieht
…kein Fan von Vorurteilen
…mit einem besonderen Humor ausgestattet
…1,88m groß laut Ausweis
…1,86m groß in echt
…glücklich, Teil dieser Anthologie zu sein
Mehr unter: www.jancoenig.de

Liebesbrief

Von Jan Cönig

Dies ist ein Liebesbrief, geschrieben mit verschiedenen Buntstiften. Mit Vorsatz, Nachsicht und sehr guten Nachrichten. Für die lebenden Legenden, Pechvögel und Happy Enten, an Menschen jeden Geschlechts und Glaubens.

An Tubaspieler und Posaunenbläser, Trommler und FlötistInnen, Träumer und Aufräumer, Chaoten und Ordnungsfreaks, die jede Monotonie des Alltags mit bunten Farben bekleckern, die sich Zeit nehmen, um ab und zu Gesichter und Tiere in den Wolken zu erkennen. Das geht an alle Menschen, die nicht einfach nur rennen, sondern schnell irgendwo sein wollen wo es geil ist – oder mittel, oder seltsam, aber auf eine gute Art.

An all die Liebesbriefleser, Liebesbriefbekommer und Liebesbriefschreiber, von denen es wohl am meisten gibt. An Menschen, die einen Sternenzerstörer von einem X-Wing unterscheiden können und auch an die, die sich mit Star Trek nicht so gut auskennen.

Mein Liebesbrief ist ein: „Wow, siehst du schön aus", an all die Menschen, die gerade einen „Bad Hair Day" haben oder jeden Morgen zu einem „Kein Hair Day" aufwachen und an die, die sich anziehen, als hätte Mutter ihnen die Klamotten morgens rausgelegt, kurz nachdem sie verrückt geworden ist.

Dieser Brief geht auch an alle Tiere, wobei Menschen ihn wohl besser verstehen. Er kann aber übersetzt werden, denn er ist weniger Sprache als Herzschlag, sag, spürst du das Streicheln des Trommelfells, das Trommeln des Streichers, ein Streich wie von Max und Moritz, sieben auf einen Streich oder Nutella, gestrichen wie Butter auf einem Baguette.

Diese Nachricht geht raus an die, die immer alles richtig machen oder einfach immer und überall alles so richtig falsch, an Zuspätkommer und Frühaufsteher, Träger von Funktionskleidung und von Kaputtkleidung, falls das denn der Gegensatz ist.

Jeder Liebesbrief braucht ein Gedicht. Ein schlechtes, sonst zählt er nicht. Wir sind in Deutschland, hier gibt es eine Liebesbriefschreibeordnung, in einem Aktenschrank im Keller eines Amtes, in dem graumelierte Herr- und Damenschaften auf ihre Rente warten und sich gegenseitig Liebesbriefe nach Norm schreiben.

Das hier geht raus an die Fahrer von Autos, die Tieren auf der Straße ausweichen und traurig werden, wenn sie einen Plattfrosch sehen. An alle und zwar wirklich alle, die an das Gute glauben, das Gute tun, einen Funken Gutes in sich haben oder jemanden kennen, der mal jemanden kannte, der gut war – in irgendwas. An Eltern und Kinder und Alte, die das Kind in sich behalten haben.

An Leute, die laut auflachen, wenn jemand

stolpert und auch an die, die aufhelfen oder gar nicht helfen, aber sich manchmal deswegen schlecht fühlen. An alle, die lesen – oder zumindest lesen können. Dieser Brief geht auch an die, die nicht lesen können, dafür aber träumen.

An die, die ich noch nicht aufgezählt habe und nicht aufzählen werde. An Lottospieler und Menschen, die reich sind an Geld, an Freunden, an Spaß, an Briefmarken oder überhaupt. An Schnäppchenprofis und Schnappschusshelden, Kleiderkreisel-, Instagram- und Facebooksüchtige.

Dieser Brief geht raus an niemanden, denn ich werde ihn nie frankieren, weil ich mich darüber ärgere, dass die Post bei ihren Briefmarkenautomaten das Wechselgeld in Briefmarken herausgibt. Danke für die Ein- und Zweicentmarken, die zu dutzenden ungebraucht in meiner Wohnung rumfliegen und wahrscheinlich nie einen Nutzen haben werden.

Dieser Brief richtet sich an Nörgler und Besserwisser, Wutbürger und Gutmenschen und die ganzen Pessimisten, die diesen Brief hassen, weil er so nett und nichtssagend ist wie das Lächeln einer Messehostess. Mein Liebesbrief kann nichts außer Zeit verschwenden, ähnlich wie ein Wetterpost auf Facebook.

Dieser Brief existiert gar nicht. Wir alle bilden ihn uns nur ein, träumen ihn gemeinsam und wenn ihr nicht aufpasst, dockt er an euren Synapsen an und präsentiert euch Fotos von glücklichen Zeiten:

Der erste eigene Teller, bei dem die Ente auf dem Boden nicht sichtbar ist, bis ihr aufgegessen habt, der erste Kuss, der erste Rausch und Sommerregen.

Dieser Brief ist süßer als Mousse au Chocolat, verklebt aber den Mund nicht so. Er ist unvollständig ohne deine Vorstellung davon, dass du irgendwem irgendwann irgendwie irgendwo Liebe schenkst – oder Respekt, oder wenigstens keinen Hass. Es ist ein Text für Veganer und Nichtveganer, für alle Menschen, die irgendetwas essen. An Leute mit Smartphones und ohne, all die Papas und Mamas, die ihre Handys erst aus der Tasche holen müssen, die Brille aufziehen, Handy anschalten, den Zettel mit dem Pin aus dem Portemonnaie holen, eingeben, WhatsApp öffnen und schreiben: „Bin da.“, obwohl sie schon seit einer Viertelstunde warten.

Er geht raus an alle Bewegungsformen. Er bewegt sich zwischen *oooooh* und *äääääh*, wie ein Tennisball bei einem Profimatch. Mein Liebesbrief ist Prosa und Lyrik, rosa und türkis, alles und nichts. Er ist schön, nicht so schön und superschön, wenn er im richtigen Licht steht und seine Schokoladenseite zeigen kann, wie die besten Dinge im Leben. Dieser Brief zeigt, dass es gut werden kann, wenn alle in einem Boot sitzen. Mittig. Denn mit jedem extremen Rechts- oder Linksruck kann das Boot kentern.

Dieser Text braucht auch kein Gedicht, aber später soll keiner sagen, mit Gedicht wäre er besser oder gar perfekt gewesen. Er ist eine Umarmung, ob du willst oder nicht. Ein Flirt mit Cola für alle Spezies und ein Extrapunkt für alle, die diese Anspielung verstanden haben.

Mein Liebesbrief ist ein angespucktes Taschentuch einer fremden alten Frau – in deinem Gesicht.

Und hier endet er, mit einem Gedicht, ganz alleine nur für dich:

Egal, wie du bist, wo du herkommst,
was dich ausmacht,

ob das Leben dich an- oder meistens
nur auslacht.

Hast du oft oder nie einen
Liebesbrief gekriegt,

das hier ist jetzt nur für dich:
Schön, dass es dich gibt!

Nachwort:
Über helfende Menschen und Menschinnen
Von Elias Raatz

Hallo! Ich bin das Nachwort und Sie gehören zu den wenigen Menschen, die mich je lesen werden. Dafür möchte ich mich bei Ihnen bedanken und stellen Sie sich einmal vor, wie schlimm das für mich als Nachwort ist, immer zu wissen, dann man ganz am Ende kommt und eigentlich von allen Individuen einfach ignoriert wird – das ist hart! Manchmal frage ich mich, was ich überhaupt für eine Daseinsberechtigung habe, ich meine, hier bin ich ja eigentlich nur dafür da, um DANKE zu sagen, nur liest das niemand. Dabei bin ich als Nachwort so wichtig, weil hier Platz geboten wird, tollen und helfenden Menschen und Menschinnen zu danken, ohne die alle restlichen Seiten vor mir nicht möglich gewesen wären. Und eines können Sie mir glauben, den Job, DANKE zu sagen, mache ich gründlich!

Es gibt im Leben viele Dinge, über die ich mich als Mensch freue, unter anderem über einen Sieg des SV Werder Bremen, über einen Veganer mit Hackfresse, über alles was rechten Spinnern schadet, wenn ich in meiner WG nicht mit Putzen an der Reihe bin oder darüber, dass ich manchmal auf der Straße grundlos angelächelt werde.

Dennoch gibt es auch andere Gründe, weshalb ich mich in meinem Leben freue, nämlich über die Veröffentlichung dieses Buches oder die Tatsache, dass Sie zu den Menschen gehören, die dieses Buch hier lesen. Vor allem habe ich mich darüber gefreut, wie viele Menschen ein Teil dieser Anthologie geworden sind und maßgeblich dazu beigetragen haben, dass Sie dieses Buch nun auch wirklich in Händen halten können.

Mein erster und wahrscheinlich größter Dank geht an die fantastischen Poetinnen und Poeten, die mit ihren Texten Teil dieses Projekts geworden sind und ohne die eine Anthologie gar nicht erst möglich gewesen wäre. Ebenso hätte es ohne die Werbeagentur T-Sign und Hubert Baumann nicht funktioniert, der sich um den Satz und das Cover gekümmert hat und auch auf konzeptioneller und organisatorischer Ebene zu einem wichtigen Kopf der Anthologie geworden ist.

Auch kann ich in Bezug auf Poetry Slam im Allgemeinen nichts tun, ohne mich bei Dominik Pfaff und Brian-Eric Friedrichsen zu bedanken, die beide nicht nur bei der Veröffentlichung dieses Buches tatkräftig angepackt haben, sondern einen festen und unverzichtbaren Teil der Veranstaltungsreihe *Poetry Slam: Dichterwettstreit deluxe* bilden.

Ein weiterer Dank geht an Felix Späth und Antonia Binder, die ein zusätzliches Lektorat übernommen haben.

Mein vorletzter Dank gilt meinen Eltern, die mich in meinem Vorhaben immer unterstützt haben, und natürlich meiner Oma Erika, die ich als meinen größten Fan an dieser Stelle ganz herzlich drücken möchte.

Selbstverständlich kommt das Schönste mal wieder zum Schluss: DANKE an SIE, dass Sie dieses Buch gelesen haben – dazu ist es schließlich da!

An dieser Stelle hoffe ich abschließend, dass Sie dieses Buch auch gern gelesen haben und im Nachhinein froh darüber sind, dieses Werk erworben zu haben – auch wenn wir die elementaren Fragen des Lebens wie beispielsweise „Warum hat Tarzan keinen Bart?“, „Wozu tragen Kamikazepiloten einen Helm?“ oder „Weshalb findet es niemand komisch, dass in der Fischstäbchenwerbung Captain Iglo alleine mit einem Schiff voller Kinder unterwegs ist?“ nicht beantworten konnten…

Aber wenn wir schon die Frage nach dem Sinn des Lebens nicht beantwortet haben, möchte ich Ihnen wenigstens noch einen Tipp geben, wie Sie Ihr Leben ein wenig schöner machen können:

Indem Sie lächeln, einfach so – und vielleicht macht das dann sogar noch jemand nach!

Ihr Elias Raatz

Die Autoren von Textsorbet:

Hank M. Flemming

Artem Zolotarov

Lena Hofhansl

Malte Küppers

Marina Sigl

Ivica Mijajlovic

Sylvie le Bonheur

Patrick Höll

Maron Fuchs

Oliver Walter

Kai Bosch

Philipp Stroh

GAX Axel Gundlach

Stefan Unser

Anna Teufel

Richard König

Marvin Suckut

Elias Raatz

Einfach So

Luis Schulz

Philipp Multhaupt

Julia Szymik

Daniel Wagner

Andrea Maria Fahrenkampf

Jonathan Dom

Christian Rehn

Joachim Weiß

Jan Cönig

Quellenangaben für verwendete Bilder:

S. 38 (Bild Malte Küppers): © DerFotowikinger
S. 50 (Bild Ivica Mijajlovic): © Sonja Geiger
S. 56 (Bild Sylvie leBoneur): © Susanne Reichardt
S. 68 (Bild Maron Fuchs): © Sonja Geiger
S. 82 (Bild Kai Bosch): © Matthias Stehr
S. 96 (Bild GAX Axel Gundlach): © Axel Gaube
S. 104 (Bild Stefan Unser): © Gerald Jarausch
S. 116 (Bild Richard König): © Lisa Stricker
S. 146 (Bild Luis Schulz): © Tobi Heyel
S. 152 (Bild Philipp Multhaupt): © Anna Preibisch
S. 158 (Bild Julia Szymik): © Jakob Kielgaß
S. 164 (Bild Daniel Wagner): © Sarah Anne Photography
S. 172 (Bild Andrea Maria Fahrenkampf): © Joachim Alt
S. 184 (Bild Christian Rehn): © Mario Heyer